개정증보판

방언은 고귀한 하늘의 언어

개정증보판

방언은
고귀한 하늘의 언어

| 김동수 지음 |

이레서원

개정증보판

방언은 고귀한 하늘의 언어
김동수 지음

초판1쇄 발행	2008년 05월 31일
초판5쇄 발행	2010년 11월 10일
개정1쇄 발행	2012년 10월 10일
개정3쇄 발행	2015년 12월 7일

발행처	도서출판 이레서원
발행인	문영이
출판신고	2005년 9월 13일 제2015-000099호
편집장	최창숙
편집	이혜성, 송혜숙
영업	박생화
총무	서상희

경기도 고양시 일산동구 중앙로 1160 오원플라자 703호
전화 02) 402-3238, 406-3273 / 팩스 02) 401-3387
E-mail: jireh@changjisa.com
Web-site: jireh.kr
Facebook: facebook.com/jirehpub

글 저작권ⓒ2008, 2012 김동수

값은 표지에 있습니다.
ISBN 978-89-7435-447-3 03230

신 저작권법에 의하여 한국 내에서 보호받는 저작물이므로 저작권자의 서면
허락 없이 이 책의 어떠한 부분이라도 전자적인 혹은 기계적인 형태나 방법을
포함하여 그 어떤 형태로든 무단전재와 무단복제 하는 것을 금합니다.

하늘의 언어로 매일 기도하시다가
하나님 품에 안기신
고 대천덕(R. A. Torrey) 신부님께
드립니다

추천서*

사랑하는 김동수 교수님,

  오늘 저는 교수님의 방언에 대한 책을 받았습니다. 책을 보내 주신 것과 동봉한 편지에 감사드립니다. 저는 이 책이 저의 남편에게 헌정된 것을 보고 감동받았습니다. 이곳의 한 자매가 책을 보고는 읽고 싶다며 곧바로 가지고 갔습니다. 제가 이 책의 내용을 이해하도록 그 자매가 도와줄 것입니다. 저는 이 책을 넘겨 보면서 많은 친근한 이름을 볼 수 있었습니다.

  진심으로 사랑하면서…

2008년 6월 5일
제인 토레이

---

* 본 추천서는 2012년 3월 소천하신 제인 사모님(토레이 신부님 사모님)께서 생전에 필자가 보내 드린 책 본서 첫 판을 받아 보고 엽서에 보내 주신 편지 내용이다.

개정증보판 서문

본서 초판은 사정상 급조하여 만든 것이다. 방언에 관해서 쓴 필자의 수필, 논설, 논문 등 장르를 불문하고 여러 글을 모아 한 권의 책으로 묶었다. 그래서 필자 자신은 초판에 그리 만족하지 못하고 있었다. 그럼에도 불구하고 방언에 관해서 성서적으로 다룬 서적이 드물었기 때문인지 본서는 독자들의 사랑을 과분하게 받아 여러 판을 찍었다. 이제 그 사랑에 보답하는 마음으로 개정증보판을 내게 되었다. 또 4년의 시간이 흐르면서 방언에 대한 논의가 계속되어 그에 대해서 필자 나름대로의 답을 줄 필요도 생기게 되었다.

초판과 개정증보판이 다른 점은 논문 성격의 글인 기존의 6, 7장을 빼고 새로운 글로 이 부분을 대체했다는 것이다. 또 에필로그로 8장을 첨가한 것이다. 본서가 나온 후 필자의 책에 대한 여러 서평과 논평이 나왔는데 그중에서도 가장 자세하고 신랄했던 것은 박영돈 교수가 쓴 『일그러진 성령의 얼굴: 한국교회 성령운동 무엇이 문제인가?』(IVP,

2011)였다. 그래서 6장은 이것에 대한 필자 자신의 응대이다. 필자는 한국교회에서 성령을 사유화하려는 태도에 대해서 비판하는 점에 있어 박 교수와 동의하면서도, 방언을 소극적으로 인정하는 그의 주장은 논박하였다.

새롭게 구성된 제7장은 "방언, 그것을 알고 싶다 2"로 했다. 초판이 나온 후 인터넷 댓글 등 여러 경로를 통해서 필자는 방언에 대한 질문을 받았다. 그리고 초판을 낸 후 방언에 대해 나름대로 새롭게 발견한 것들이 있었다. 그것들을 인터넷 기독교 신문인 뉴스미션(www.newsmission.com)에 연재했었는데, 이 부분은 그것을 편집하여 모아 놓은 것이다. 특히 여기에 수록된 것은 방언에 관해서 성서 구절을 해설하는 것을 넘어, 오늘의 질문을 가지고 들어가 성서적 해답을 찾아보려고 한 것이다.

본서 초판을 쓴 이후에 필자는 『신약이 말하는 방언』(킹덤북스, 2009)이라는 제목의 방언에 관한 성서학 전문 연구서적을 냈다. 이것은 그동안의 필자의 연구 성과를 모아 놓은 것이다. 또 그 책이 발간된 이후에도 방언에 관한 논문도 계속 쓰고 있다. 다른 한편으로 방언 세미나 혹은 방언 집회도 계속하고 있다. 어떻게 보면 잘 어울릴 것 같지 않은 학자로서 방언을 연구하는 것과 부흥사로서 방언을 설교하고 집회하는 것을 같이 수행하고 있는 것이다. 그런데, 사실 이 두 가지 일은 필자에게 방언에 대한 이해를 더욱 깊게 해 준다. 연구를 통해 성서적·신학적 진리를 더 깊이 깨닫게 되고, 실제 집회를 통해서 성령의 역사가 일어나는 일들을 보고 배운다.

필자는 독자들 중 동료 신학자들과 목회자들과 신학생들에게 이런 사역에 동참하자고 권하고 싶다. 실제로 이번 학기에 필자의 과목을 수강한 한 학생은 한 학기 동안 성령의 은사를 공부하고 그것을 자신이 사역하는 중고등부 학생들에게 적용하여 보았다고 한다. 또 필자는 평신도 사역자들과 일반 독자들에게 본서를 읽음으로 방언에 대한 이해가 깊어지고, 방언을 올바로 알고 방언으로 기도하는 생활을 함으로써 신앙생활에 이전보다 더 큰 활력을 얻기를 소망한다. 또 방언 체험하기를 사모하는 독자가 있다면, 본서를 읽고 방언에 대한 성서적 진리를 깨달아 성령의 역사하심 가운데 방언을 체험하기를 기도한다.

2012년 7월 28일
인천시 연수 도서관에서
저자 김동수

초판 서문

　최근 수년간 나는 방학을 마칠 때마다 한숨을 짓곤 했다. "이번에도 또 방언에 대한 책을 쓰지 못했구나." 그래서 지난 겨울방학 때는 단단히 결심을 하고 스스로를 압박하려고 뉴스미션이라는 인터넷 신문(www.newsmission.co.kr)에 방언 칼럼을 쓰기로 하고 매주 방언에 대한 글을 연재해 왔다. 하지만 지난 방학에도 방언에 대한 책은 완성하지 못했다. 하나의 책을 완성하려면 그동안에 썼던 것을 기반으로 한다고 해도 적어도 한 달 이상의 여유 있는 시간이 확보되어야 하는데 학문과 목회와 학회 일을 맡고 있는 사람으로서 그 시간을 내기는 쉽지 않았다.
　그러던 차에 매우 의미 있는 정보를 듣게 되었다. 현재 방언 중지론에 대한 책이 기독교 서적 베스트셀러 1위에 올라있다는 것이다. 그동안 은사 중지론적 입장에서 쓴 책으로 외국 사람이 쓴 것은 읽어 보았지만 국내 저자가 쓴 것은 처음 접했다. 단숨에 책을 읽고 난 후 그 자리에서 서평을 써 뉴스미션 측에 급히 원고를 게재해줄 것을 부탁했다. 그런데 생각지도 못한 반응이 여기저기서 터져 나왔다. 지방의 한 목사님은 너무 통쾌한 설명이라면서 속 시원하다는 이메일을 보내왔다. 또 신문사에 게재된 필자의 글에 대해서는 여러 편의 댓글이 올라왔다. 이 일을 통해 사람들이 긍정적이든, 부정적이든 방언에 대해서 많은 관심이 있다는 것을 체감할 수 있었다.

방언에 대한 책이 많이 있기는 하지만 이에 대해서 나름대로 한국 교계에 할 말이 있던 나는 더 이상 주춤거리고 앉아 있을 수가 없었다. 즉시로 사랑의교회 안성수양관에 자리를 잡고 그동안 써 놓았던 원고를 정리하고 새로 다듬기 시작했다. 내가 방언에 대해서 처음 쓴 책은 1991년 예찬사에서 나온 『성령 운동의 제3물결』이라는 책의 첫 장으로 50쪽 분량으로 다룬 것이었다. 그동안 이것을 오늘에 되살려 새롭게 써보려고 무척 애를 썼지만 시간의 제약으로 완성하지 못했었는데, 학기 중이지만 더 이상 미루면 안 되겠다는 생각이 들었다. 지난겨울부터 뉴스미션에 쓰기 시작한 방언 칼럼과 또 『신약논단』과 『성경연구』에 게재한 바울의 방언관과 누가의 방언관에 대한 논문도 이 책의 일부가 되었다.

내가 방언에 대해서 관심을 갖는 영역은 성경이 방언에 대해서 어떻게 말하고 있고 지금은 그것이 신앙적으로 어떤 의미를 갖는가이다. 우선적으로 본서에서는 일반 평신도들이 가장 궁금해하는 방언에 관한 질문을 성경적으로 답변했다. 책의 목차에서 보면 금방 드러나지만 제1장과 제2장에서 다룬 것들은 목회 현장에서 사람들로부터 늘 듣는 질문이다. 제1장은 방언에 대한 현재의 몇 가지 입장에 대해서 성경적으로 답변했고, 제2장은 방언에 대한 입장이 올바로 정리된 사람들이 흔히 질문하는 내용들(방언이 왜 필요한지, 방언 통역이란 어떤 것인지, 방언은 모든 신자가 다 받을 수 없는 것인지 등)을 실었다.

제3장은 방언을 실제로 체험하기 위한 매뉴얼이다. 내가 본 장을 쓰는 이유는 방언에 대한 성경적·신학적·사회과학적 이론을 설파하기 위해서가 아니라 독자로 하여금 방언의 본질을 깨닫게 하고, 또 방언을 사모하는 사람들로 하여금 실제로 방언을 체험하는 데 도움을 주기 위한 것이다. 제4장은 뉴스미션에 게재했던 옥성호의 『방언, 정말 하늘의 언어인가?』에 대한 서평을 보완한 것으로, 책에 대한 비평과 함께 이 책이 전제하거나 혹은 주장하고 있는 은사 중지론에 대해 비평적으로 접근하였다. 제5장은 은사 중지론적 입장에서 쓴, 최근 번역된 존 맥아더 목사의 저서 『무질서한 은사주의』에 대한 서평으로 그가 제기한 말씀을 이해하는 데 있어서 체험의 역할에 관해서 논하였다. 제6장과 제7장은 각각 바울의 방언관과 누가의 방언관에 대한 것이다. 이 부분은 방언을 보다 심도 있게 주석적·신학적으로 연구해 보고자 하는 이들에게 유용하리라고 본다.

본서는 방언의 본질에 대해서 성경적으로 진지하게 알고 싶은 사람, 방언을 체험하고 싶은데 그 방법을 모르는 사람, 방언을 과거에 체험했는데 현재는 방언 기도를 하지 못하는 사람 혹은 하지 않는 사람, 방언으로 기도하지만 그 의미와 중요성을 몰라 실제로 방언 기도의 기쁨을 체험하지 못하는 사람, 자신이 하는 이상한 언어가 과연 바울이 말한 방언인지 의심이 가는 사람, 방언으로 기도하지만 방언에 대한 여러 의문이 풀리지 않은 사람… 이런 사람들을 위해 쓴 것이다.

내가 이 책을 쓰면서 가장 감사를 표현하고 싶은 분은 이레서원 편집국장 윤상문 목사님이다. 윤 목사님의 권고가 없었다면 이 책은 탄생하지 못했을 것이다. 또 친구인 뉴스미션 유용선 사장이 인터넷 신문에 내 방언에 대한 글을 게재하도록 도와주지 않았다면 하루아침에 이런 책이 이렇게 나올 수는 없었을 것이다. 마지막으로, 설교와 글과 교제를 통해서 늘 나에게 새로운 영감을 주었던 고 대천덕(R. A. Torrey) 신부님께 감사드리며 본서를 이분께 헌정한다. 불의의 사고로 우리의 소망보다 하나님의 품에 일찍 안기셨지만, 대 신부님이 쓰신 책과 그동안의 삶을 통해 지금도 여전히 한국교회에 말하고 계신다. 이분이 없었다면 성령의 은사에 대해서 부정적 입장을 가지고 있던 지성인 동료 신자들이 신약 성경의 성령에 관한 진리를 잘 받아들이지 않았을지도 모른다. 이분은 학문과 삶으로서 말했기 때문에 여기에 감명을 받아 많은 사람들이 자기의 전통을 넘어 성경의 방언에 관한 진리를 보다 진지하게 고민하고 고찰하게 되었다.

본서는 성경의 방언관을 확립하여, 사람들이 실제로 방언에 관한 신약 성경의 진리를 올바로 이해하게 하는 데 있다. 나아가 그것을 바탕으로 방언을 체험하도록 사모하게 하는 데 있다. 아무쪼록 이 책을 통해서 방언에 대한 의문이 해소되어 바울과 누가가 말했던 그 방언이 우리 각자의 기도 속에서 그대로 사용되기를 소망한다.

2008년 4월 9일
사랑의교회 안성수양관에서
저자 김동수

CONTENTS

추천사 • 7
개정증보판 서문 • 8
초판 서문 • 11

제1장 방언, 이것이 바른 이해다 • 19

방언을 논하자 • 21
방언은 이제 그쳤는가? • 25
방언은 한맺힌 민초의 아우성뿐인가? • 29
'마귀 방언'도 있는가? • 33
방언은 불신앙의 표지인가? • 38
방언은 하찮은 은사인가? • 42
방언을 못하는 사람은 2급 신자인가? • 46
요약 및 결론 • 48
방언에 대한 태도 변화를 위해서 • 49

제2장 방언, 그것을 알고 싶다 • 53

방언을 꼭 해야 하는가? • 55
이런 방언도 있는가? • 59
'새 방언'(막 16:17)이란 무엇인가? • 63
누가의 방언과 바울의 방언 • 66
방언 통역이란 무엇인가? • 70
방언은 신앙생활에 어떤 유익이 있는가? • 73
방언은 소수의 신자들만 체험할 수 있는 것인가? • 77

제3장 방언, 그것을 체험하고 싶다 • 83

방언 받고 싶어요 • 85
이렇게 하면 방언 못 받는다 • 88
방언 체험 클리닉 • 91
방언 받을 때의 상태와 느낌 • 97
방언 실제로 체험하기 • 100
방언을 체험한 이후 • 104
방언 사역하기 • 105

제4장 방언, 하늘의 언어가 맞다 • 113

방언, '하늘의 언어' 논쟁 • 115
아마추어의 성경 해석 • 117
비 체험가의 방언 해석 • 124
증명되지 않은 전제에 의한 논증 • 127
중단되어야 할 주장, 은사 중지설 • 132
평가 • 138
무엇이 방언에 대한 평가를 다르게 하는가 • 139

제5장 방언 체험은 말씀 체험이다 • 143

오늘의 화두, 방언 • 145
존 맥아더의 방언 중지론 • 146
체험에 근거한 존 맥아더의 주장 • 150
말씀과 성령 • 155
말씀의 체험 • 159
방언을 수용하지 못하는 신학적 틀 • 160
이성의 경험과 말씀 체험 • 162

제6장 방언으로 인해 '일그러진 성령의 얼굴'? • 163

성령 충만, 실패한 이들을 위한 은혜? • 165
무엇이 성령의 얼굴을 일그러지게 했는가? • 167
우리에게 나타난 성령의 얼굴들 • 174
일그러진 성령의 얼굴? • 174
바람직한 성령운동 • 188

제7장 방언, 그것을 알고 싶다 2 • 191

'한세'와 '한신'의 만남, 과연 불가능한가? • 193
방언과 정의(正義)는 공존할 수 없는가? • 197
문맥과 정황으로 본 바울의 방언관 • 200
방언이 우리나라 교회에 많이 나타나는 이유는? • 204
지금 우리가 하는 방언은 사도들이 경험한 방언과 다른 것인가?
• 206
방언은 네모다 • 209
방언과 선교 • 213
방을 하다 중단한 분들께 • 215
방언의 목적 • 217
방언은 에큐메니컬 언어다 • 220
보이지 않는 고릴라? • 222

제8장 에필로그: 방언 체험, 그 이후 • 225

　　방언 체험이 성결한 삶을 보장해 주는가? • 227
　　방언 체험이 이성(理性)의 활동을 대신해 줄 수 있는가? • 228
　　방언하는 사람이 영적 엘리트 의식에 빠질 위험성은 없는가?
　　　　• 230
　　방언 체험, 그 이후의 삶 • 231
　　방언 사역, 어떻게 볼 것인가? • 233

　　참고 문헌 • 235

제 1장

방언, 이것이 바른 이해다

longue

방언을 논하자

"인천 지하철 1호선은 협궤다. 서울 지하철에 비해 레일의 폭이 좁다. 그래서 지하철 안에 오래 있으면 답답함을 느낀다." 그런데 이 말은 다분히 서울 지하철을 기준으로 한 말이다. 물론 서울 지하철이 먼저 생겼고 서울에는 1호선에서 8호선까지의 지하철이 있어 대부분의 사람들이 이에 익숙해져 있기 때문에 서울 지하철을 기준으로 인천 지하철을 설명하는 것이 자연스러울지 모른다. 하지만 얼마든지 인천 지하철 1호선을 기준으로 서울 지하철을 탄 느낌을 표현할 수 있다. "서울 지하철은 너무 넓어서 아늑하지 않아." 그렇다면 어떤 진술이 옳은가? 사실 둘 다 틀린 진술이 아니다. 다만 어떤 것을 기준으로 다른 것에 대한 느낌을 설명했는가의 차이이다. 그런데 어떤 이들은 꼭 서울 지하철을 기준으로 해서 인천 지하철을 보아야만 한다고 주장한다.

기독교 역사상 초기 교회에서 성령의 폭발이 일어난 시기를 제외하면 성령의 초자연적인 여러 은사가 나타난 시대가 더 적었다. 특히 중세와 종교개혁시대를 지나는 동안 이러한 은사들이 완전히 사라지지 않았지만 주류 교회에서는 잊혔었다. 최근 이백 년 동안에 이 은사가 많이 나타났지만 주류 교회에서보다는 주로 변방 교회들에서였다. 그렇다면 우리는 이렇게 말하는 것이 정당한가? "이 교회는 성령의 은사만 강조해. 예배 시간이 너무 시끄러워. 자꾸 방언을 사모하라고 해." 약 백 년 전까지만 해도 이러한 은사를 경험한 사람도, 그것을 사모하라고 하는 교회도 별로 없어서 사람들은 이 말에 대부분 동감했을 것이다. 마치 인천 지하철 1호선을 타본 사람이 드물 때 거기에 가본 사람이 "인천 지하철은 비좁고 협소해"라고 말하면 타보지 않은 사람은 그 말을 믿을 수밖에 없었듯이 말이다. 그런데 최근에는 거기에 가본 사람이 자꾸 늘어나면서 가끔은 이런 평가도 나온다. "인천 지하철은 나름대로 코지(cozy)해. 사람이 많이 타지 않는 인천에는 협궤가 제격이야." 이제 가보지 않은 사람들은 헛갈린다. 사람들의 평가가 엇갈리기 때문이다. 이때 가장 좋은 방법은 인천 지하철을 직접 타보는 것이다. 그 후에 다른 사람의 느낌을 분석하든 공감하든 하면 된다.

다행히도 최근에는 인천 지하철 1호선을 타본 사람이 많이 있다. 사람들이 이전보다 광범위하게 방언을 경험하고 있는 것이다. 또 김우현 감독은 이 경험을 『하늘의 언어』라는 책으로 내서 베스트셀러 작가가 되기도 했다. 또 다른 많은 명사들도 이 간증에 동참하고 있다. 그래서 본 장에서는 방언에 대해서 좀 더 깊이 고찰해 보고자 한다. 특히 우리가 평상시에 궁금해 하던 주제들과 연관하여 방언의 성격에 대해 규명해 보려고 한다. 특별히 우리가 관심을 갖는 것은 성경의 증거이다. 아무리 경험을 이야기한다고 할지라도 그것이 성경적 근거가 없으면 신양적으로 의미가 없기 때문이다.

우리는 성경에 나오는 방언을 어떻게 평가하는 것이 정당한 것인지 방언 이해 여행을 떠나려고 한다. 그런데 과거에는 이 여행을 잘 가지 않으려고 했다. 사람들이 계속 친한 관계를 유지하려면 정치와 종교 이야기를 삼가야 한다고 하듯이 신앙인 간에도 좋은 관계를 유지하려면 성령론에 관한 논쟁은 금물이었다. 그중에서도 특히 방언에 대해서는 더욱더 그러했다. 방언을 적극적으로 반대하는 사람, 소극적으로 인정하는 사람, 방언이 신앙 성숙의 단계라고 믿는 사람, 방언을 적극적으로 인정하는 사람에 이르기까지 다양한 주장이 있을 뿐만 아니라 각자는 자기주장을 뒷받침하는 나름대로의 신학 배경과 성령 체험이 있어서 자기의 주장을 쉽게 굽히지 않는다. 그래서 현명한 신앙인이라면 으레 방언 문제를 화두로 꺼내 이야기하는 것은 피하기 마련이다. 그런데 나는 오늘 현명하지 못한 처사를 하려고 한다.

우선 우리는 방언에 대한 성경의 입장이 어떤 것인지 정리할 필요가 있다. 방언에 대한 사람들의 입장은 다음과 같이 네 가지 견해로 정리할 수 있다.

- ✤ 적극적 부정: 현대에 교회에서 일어나는 방언은 완전히 비성경적이며 때로 악마적이기까지 하다.
  - ↳ 방언과 같은 기적적 은사는 사도의 표지로서 주어진 것이기 때문에 성경이 주어진 오늘날에는 더 이상 필요 없는 은사다. 방언은 있었으나 이제는 그쳤다.
  - ↳ 방언은 사회적으로 낮은 계층 사람들이 말로 표현하지 못하는 억울한 감정이 심리적으로 불안한 상태에서 이상한 형태의 하소연

으로 나타난 것이다.

✚ **소극적 인정**: 방언은 바울시대뿐만 아니라 지금도 있다. 하지만 방언이 신앙생활에 그리 중요한 요소는 아니다.
↳ 방언은 성령의 열매(사랑)보다 덜 중요하므로 별 필요 없다.
↳ 방언은 예언의 은사보다 열등한 은사이므로 별 필요 없다.
↳ 방언은 구원과 직접적으로 관계된 것이 아니기 때문에 그리 중요하지 않다.

✚ **지나친 긍정**: 방언의 은사는 신앙 수준의 척도다.
↳ 방언의 은사를 받은 신자는 성숙한 신자이고, 방언을 체험하지 못한 신자는 영적으로 초보 신자다.
↳ 방언의 은사를 경험하지 못한 사람은 영적인 세계에 대해서 알 수 없다.

✚ **적극적 인정**: 방언은 신앙 수준의 척도는 아니지만 신앙 성장에 도움이 되는 은사다.
↳ 방언으로 기도하는 신자는 신앙의 침체에서 쉽게 회복되고 신앙 성장이 빠르다.
↳ 방언은 바울이 권장한 것이고, 누가는 성령 세례(혹은 성령 충만)의 표지의 하나로 제시했다.

이 중에서 어떤 것이 성경적 견해인가? 각자가 자란 신앙 전통과 자신의 개인 체험에 따라 방언에 대한 입장이 다를 것이다. 우리는 자신의 전통과 개인 체험에서 쉽게 벗어날 수 없다. 하지만 최대한 객관적인 태도로, 성경이 말하는 방언에 대한 입장을 정리해 보는 것이 필요하다. 되도록 자신이 지금까지 견지해온 견해를 의심하면서 선입견을 배제한 상태에서 성경을 읽어보기를 권한다. 필자가 아는 한 복음주의계 지도자 목사님은 과거에 큰 뜻도 없이 자신이 속한 교파의 전통에 따라 방언에 대해서 부정적인 견해를 갖고 있었는데 방언을 체험한 사모님과 결혼하면서, 사모님과의 대화를 통해 방언에 대한 새로운 시각을 갖게 되었다. 또 방언을 체험한 후에 방언 반대자에서 방언 전도사가 되었다. 과연 우리 각자의 방언에 대한 태도는 성경적인가, 전통적인가?

방언은 이제 그쳤는가?(고전 13:8)

방언에 대한 입장에 있어서 가장 먼저 살펴보아야 할 것이 방언 중지설이다. 방언은 그쳤는가? 방언 중지설, 이것은 방언 문제를 다루는 데 있어서 결코 간과되어서는 안 되는 중요한 문제이다. 바울이 방언 문제를 집중적으로 다루는 고린도전서 13:8에도 "방언도 그치고"라는 어구가 나오기 때문에 우리는 이 질문을 심각하게 던질 필요가 있다. 20세기 초에 이 문제를 신학적으로 심각하게 질문했던 신학자 워필드(Benjamin B. Warfield)는 단도직입적으로 이렇게 말했다. "이 은사들(고전 12-14장에 나오는 초자연적 은사들)은 분명히 사도들에 대한 확증이었다… 그러므로 이 은사들의 기능은 분명히 사도 시대의 교회에 국한된 것으로 사도 시대의 교회와 더불어 사라질 수밖에 없었다"(Miracles Yesterday and Today, 6). 워필드의 신학을 이어받은 신약학자 리처드 개핀(Richard B.

Gaffin, Jr.)도 "신약 성경의 교훈을 종합해보면 예언과 방언은 그리스도의 재림 전에 중지되었으며 사실 이미 중지되었다는 결론을 내릴 수밖에 없다"고 주장한다(『성령 은사론』, 103). 은사 문제에 대한 세대주의자들인 월부워드(John F. Woolvoord, 『성령』)와 엉거(Merril Unger, *The Baptism and Gifts of the Holy Spirit*, 139)도 방언의 은사와 같은 기적적인 은사는 사도성을 표지하는 은사이기 때문에 사도들이 사라짐과 함께 이러한 은사들도 그쳤다고 주장한다.

그러나 고린도전서 12-14장에 나오는 초자연적 은사가 사도들에게만 주어진 은사라는 것은 바울이 고린도전서를 기록한 목적과 정황을 볼 때 잘 이해되지 않는다. 바울은 여기에서 은사를 언급하면서 사도 문제에 대한 어떤 단초도 제공하지 않는다. 바울이 이 부분을 쓴 이유는 고린도교회 안에서 이루어지는 은사 문제로 인한 혼란을 바로잡고 은사를 제대로 사용하는 법을 가르치려고 한 것이다. 또 이 은사가 주어진 목적을 보면 사도들 혹은 사도 시대에만 한정된 것이라는 주장은 어불성설이다. 성령의 은사가 주어진 목적이 공동체 곧 교회의 유익을 위한 것이기 때문에 이 은사는 교회와 생사를 같이하는 것이라고 보아야 한다. 우리말로 "유익하게 하려 함이라"고 번역된 말은 사실 공동의 유익을 위함이라고 번역하는 것이 더 적절하다(고전 12:7). 유익하게 하려 함이라는 단어에 '공동의'(σύν)이라는 헬라어 접두어가 붙어 있기 때문이다. 여기서 '공동의'는 다름 아닌 '교회의'이다. 그러므로 방언은 교회 시대에 사용하도록 주어진 은사이다.

또 방언이 그쳤다고 주장하는 세대주의자들이 성경적 근거로 고린도전서 13:10의 '온전한 것'이라는 문구를 말한다. 이 어구가 신약 성경의 완성을 의미하기 때문에, 기적의 은사들은 신약 성경의 완성의 때까지만 필요했고, 지금은 당연히 필요도 없고 실제로 그쳤다고 한다. 하지만 이 주장은 신약 성경 학자들의 지지를 거의 받지 못한다. 여기서 '온전한 것'이 무엇을 의미하는지는 고린도전서 주석을 쓴 리처드 헤이스(Richard B. Hays)의 글에 잘 나타나 있다.

> 세대주의 그리스도교 그룹에서는 종종 10절의 '온전한 것'(to teleion)이 신약 성경 정경의 완성과 그 닫음을 가리킨다고 주장하면서, 카리스마적 은사들은 오직 사도 시대에만 해당되며, 현재 교회에서 그 기능은 중단되었다고 생각한다. 이런 해석은 단도직입적으로 말도 되지 않는다. 이 단락 어디에도 '신약 성경'에 대한 언급이 없으며, 교회 내의 계시성 은사에 대한 미래의 취소 예고도 없다. 또한 바울은 이스라엘의 성경이 정경적 글의 새로운 수집으로 보완되리라는 것에 대한 미세한 암시조차 주지 않는다. 본문(고린도전서 13장) 10절은 완전한 것이 부분적인 것을 대체한다는 일반적 금언을 단순하게 말한 것이다. 은사들의 폐지에 대한 바울의 언급은(8절) 명백하게 종말론적 언어를 담고 있는 12절의 견지에서 이해되어야 한다. '지금'과 '그때'의 대조는 현 시대와 다가오는 시대의 대조이다(『고린도전서』, 378).

즉 바울이 방언을 비롯한 초자연적 은사의 폐지를 미래형 동사로 표시하며 예언적으로 말한 것은 바로 '그때'(12절)를 가리킴이고 '그때'는 다름 아닌 예수 재림의 때이다. 예수 재림 시에는 방언을 비롯한 교회 시대에만 필요했던 모든 은사는 사라질 것이다. 하지만 교회 시대인 지금은 아직 '그때'가 이르지 않았다.

세대주의자들의 주장대로 만약 방언이 지금 그쳤다면, 현재 전 세계적으로, 또 범 교회적으로 나타나는 방언은 무엇이란 말인가? 이들이

도달할 수 있는 결론은 두 가지 중 하나밖에 없다. 방언을 사람들이 억지로 지어낸 인위적인 언어 행위라고 하든지, 아니면 방언이 성령에서 근원한 것이 아니라 악마에게서 근원한 것이라고 보는 것이다. 실제로 유명한 복음주의 신학자인 제임스 패커(James I. Packer)는 방언의 은사가 인위적으로 습득되는 것이라고 본다. "감정적인 흥분을 동반하기도 하고 그렇지 않기도 하면서 어떤 사람의 삶에서 즉흥적으로 시작되기도 하지만, 방언은 정상적으로 배워지기도 하는 것이다… 그리고 이런 식의 익힘을 통해서 사실 방언은 '익혀지는' 것이다"(『성령을 아는 지식』, 274). 어떤 학자들(예를 들어 R. G. Gromacki)은 방언은 팔과 몸의 진동이라든가 호흡하는 자세라든가 "그 권세 아래 있는 상태에 대한 묘사"가 강신술과 동일하다고 하여, 방언을 사탄적 혹은 악마적인 기원을 가진 것으로 본다(『현대 방언운동 연구』, 66).

여기서 우리가 세심하게 보아야 할 것은 위와 같이 방언이 인위적이라거나 사탄적이라는 주장은 이 문제에 대한 객관적인 연구 결과에 의해서 도출되는 것이라기보다는 방언이 사도 시대에만 혹은 성경완성 시기까지만 존재했다고 하는 세대주의자들의 어쩔 수 없는 논리적 귀결이라는 것이다. 만약 앞의 주장이 확실치 않다면 그것에 기반을 둔 주장은 자동적으로 의미가 없어진다. 그러므로 방언을 인위적인 것으로 혹은 사탄적이라고 보는 것은 성경적·신학적 근거가 전혀 없다. 혹 다른 종교에 방언 비슷한 것이 있다고 해도 고린도교회와 현대 교회에서 일어나는 방언을 그런 종류의 것이라고 단정 지어서는 안 된다. 어차피 악령도 선한 것을 흉내 낼 수 있기 때문에 현상적으로 비슷한 것은 얼마든지 가능하다. 하지만 그 본질과 출처가 완전히 다른 것이다. 교회 안에서 성령으로부터 주어지는 방언을 강신술과 동일하다고 보는 것은 성경과 교회에 대한 모욕이다.

사실 한국교회 혹은 한국 신학계에서 이 주장은 최근에 나왔다. 그 이유는 서양교회들과는 달리 우리 교회에서는 방언이 교파를 초월하여 광범위하게 전 교회적으로 일어났고, 우리 한국교회가 체험적인 것을 좋아하기 때문에 이 주장이 교회와 신학계에 발붙이기가 어려웠기 때문이다. 하지만 기독교 역사상 오랫동안 방언 중지론이 큰 힘을 발휘했다는 것을 잊어서는 안 된다. 이 주장이 성경적 근거와 토대가 거의 없는 것임에도 불구하고, 인간의 심리상 올바른 것보다는 현재의 자기 체험을 정당화하려는 경향성이 많기 때문이다. 방언 중지론, 그것은 이제 중지되어야 할 이론이다.

방언은 한 맺힌 민초의 아우성뿐인가?

방언은 기본적으로 영적인 현상이다. 바울이 고린도교회에 가르친 방언이나(고전 12-14장) 누가가 사도행전에 기록한 방언(행 2:1-4 외)은 실제 사용된 언어를 말하는 것이든 아니면 신자의 영이 하나님과만 소통하는 부호이든, 어떤 경우에든지 방언은 성령의 인도하심에 따라 말하는 영적인 현상이다. 오순절 사건에서 일어난 방언이 사람들에게 이해되었다고 해도, 방언하는 사람에게 있어서 그 언어는 낯선 언어였고 배우지 않은 언어였으며 성령의 말하게 하심을 따라 신자들이 방언을 한 것이다(행 2:4). 또 바울이 고린도교회에 말하는 방언은 이 세상의 언어가 아닌 하나님과의 소통 언어인 것이다(고전 14:2).

그런데 현대 방언을 심리학적 혹은 사회학적으로 분석하는 학자들 중에는 방언이 영적인 현상이라는 사실을 부인하는 학자들이 있다. 조지 커튼(George B. Cutten)은 "내가 아는 한에 있어서 방언을 엄격하게 과학적으로 검토할 때에, 이미 개발된 심리학적 원리로 설명되지 않는 방언은 없다고 생각한다"고 말했다(Speaking with Tongues, 181). 나아가 어떤 학자는 방언은 심리학적으로 다 설명할 수 있는 것이요, 영적인 현상이 아니라고까지 한다. 서광선은 방언하는 사람들이 주로 하류 계층임을 볼 때 "결국 방언은 민중의 하소연이며, 민중의 한을 말하는 소리라는 해석이 가능하다"고 본다. 특히 방언하는 사람들 중 여성의 비율이 높은 것은 "가족적 억압에서 생기는 속상함과 한을 푸는 기회가 방언"이기 때문이라고 한다. 나아가 방언하는 사람들은 주로 민초출신자들로서 "자신이 처해 있는 어려운 환경에서 언어 구사 능력의 부족함을 통감하던 차에, 방언을 하게 됨으로 자신의 문제를 어느 정도 해소하게" 된 것이라는 주장한다(『한국교회 성령 운동의 현상과 구조』, 77).

나는 방언에 대한 심리학적 · 사회학적 분석이 가능하고 또 유용하기까지 하다고 본다. 모든 영적 현상은 이 땅에서 일어나는 한 사회학적으로 설명이 가능하며, 사람 안에서 일어나는 일이므로 심리학적으로 분석하는 것이 가능할 뿐만 아니라 때로 매우 유익하다. 방언의 심리학적 분석과 사회학적 분석은 방언이 단순히 개인의 영적인 영감으로만 이해되어서는 안 됨을 보여 준다. 근본적으로는 영적인 현상이지만 사회학으로 얼마든지 분석이 가능한 것이다.

문제는 방언을 심리학적, 혹은 사회학적으로 설명할 수 있다고 해서, 하늘에서 내려오지 않은, 단순히 인간의 심리적 불안 상태에서 일어난 일이요, 사람들 간의 알력 관계에서 일어난 현상으로만 보는 것이다. 이것이야말로 기본적으로 세속적이요, 반성경적인 입장이라고 할 수 있다. 성경에 나오는 영적인 현상을 여러 학문적인 틀로 보는 것이 가능하다고 해서 영적인 현상이 아니라고 주장하는 것은 잘못된 분석이다. 이것은 예수의 구속 사역을 정치적 차원으로만 해석한다거나, 요한이 말하는 중생을 심리적인 차원으로만 보는 것과 맥을 같이한다.

중복해서 말하지만 나는 예수 운동을 당시 로마와 유대 사이의 정치적인 알력 관계라는 틀에서도 얼마든지 설명이 가능하다고 본다. 사람이 거듭나는 것을 현대 심리학 혹은 정신과학적으로 설명하는 것도 때로 유용할 수도 있다. 하지만 어떤 측면으로 볼 수 있다고 해서 그 자체가 본질은 아니다.

통계적으로 볼 때 방언이 사회적으로 안정된 계층의 신자들에게서보다 민초신자들에게서 더 많이 일어나는 현상이라는 것을 어느 정도 인정할 수 있다. 우리나라의 경우에도 이른바 민초 교단인 순복음교회에서 방언 운동이 처음으로 전개되어 확산된 것도 우연이 아니다. 당시 민초들이 방언을 체험하는 데 더 적합한 마음의 상태를 가졌다고도 볼 수 있다. 하지만 "방언=민초들의 하소연"이라는 등식을 끌어내기에는 사회과학적으로 보다 정밀한 분석이 요구된다. 과거에 순복음교회가 방언 운동을 주도하던 시대에서, 이제는 경제적으로 안정된 계층의 교회와 교파가 운동을 주도하는 것만 보아도 위의 단순한 등식은 성립하지 않음을 알 수 있다.

개인의 경험적으로는 방언은 어떤 사회적 계층에만 집중적으로 나타나는 영적 현상이 아니라 방언에 대해서 마음이 열려 있는 집단에서 보다 광범위하게 나타나는 것으로 분석하는 것이 더 낫다고 본다. 대학 시절 다니던 교회는 강남구 대치동에 위치한 교회로 청년부 구성원의 반 정도가 이른바 SKY로 불리는 명문대 학생이었다. 그런데 그곳에서 놀라운 방언 운동이 일어나 청년부 구성원 대다수가 방언을 체험했다. 이 사람들이 사회적으로 안정된 계층 출신임은 두말할 것도 없다. 방언을 그렇게 많이 체험할 수 있었던 것은 아마도 방언의 은사를 중요시하는 청년부의 분위기에서 기인했을 것이다. 그 교회에 처음 오는 청년들도 방언에 대한 아무 거부감 없이 다른 청년들을 따라 방언 은사를 사모하게 되었고 대부분이 그 은사를 체험하게 된 것이다.

일전에 필자는 성균관대학교 기독교 동아리인 겟세마네라는 단체의 초청을 받아 여름 수련회를 인도했었다. 그때 방언에 대해서 설교했는데 여러 젊은이들이 방언을 체험했다. 그 동아리는 본래 기도의 영성을 강조하는 동아리였고 창립 초기에는 구성원 대부분이 방언을 했었다고 한다. 그런데 어떤 사건을 통해 방언을 경원시하게 되었고, 그 후에는 방언이나 기도에 대한 주제보다는 주로 말씀을 잘 분석하고 가르치는 분들을 수련회 강사로 초청하게 되었고, 방언은 잘 일어나지 않았다고 한다. 그러던 차에 기도와 방언의 영성을 회복하고자 이를 중요하게 생각하는 나를 강사로 초청하게 되었고, 내가 방언에 대해서 긍정적으로 설교했고, 많은 사람들이 방언을 사모해서 실제로 체험했다. 이들은 자신들의 초기 영성을 찾았다고 매우 기뻐했다. 방언에 대한 입장과 태도가 방언을 체험하는 데 더 근본적인 조건이다. 그 구성원의 출신 성분이 관건은 아닌 것이다.

얼마 전 캠브리지 여행 중에 일어난 사건을 통해서도 나는 방언이 단순히 사회적 계층의 문제만이 아니라는 것을 다시금 확인할 수 있었다. 지금 김우현 감독의 『하늘의 언어』 발간 이후에 하이클래스 내에서 방언 사모 운동이 불 일듯이 일어나고 있음을 본다. 이곳에 계신 목사님 사모님은 그 책을 읽고 방언을 너무 사모하여 김우현 감독이 집회하는 곳을 꼭 가보고 싶어 했다. 저녁 식사를 하면서 나와 방언에 대해서 이야기하게 되었고, 식사 후 짧은 기도회를 통해 두 분 모두가 방언을 체험하게 되었다. 이분들은 모두 지적으로, 경제적으로 낮은 계층의 사람들이 아니다. 이들은 수년간 매주 기도회를 통해 은혜를 체험하면서 더 깊은 영적인 것을 추구하게 되었고 성경을 읽다가, 또 방언에 대한 신앙 서적을 읽으면서 방언의 은사를 열렬히 사모했고, 우리가 같이 기도할 때 방언이 터진 것이다.

방언을 낮은 계층의 하소연이라고만 보는 것은 영적인 현상을 사회·경제적 현상만으로 보는 감소주의적 해석이다. 또 민초를 무시하는 해석이기도 하다. 민초들의 영적인 체험을 심리적인 이상 상태에서 생긴 것이라고 한다거나, 말을 할 수 없어 이상한 말이 그냥 튀어나온 것이라는 주장은 민초의 아픔을 진정으로 나누는 태도가 아니다. 오히려 이들이 체험한 방언이 성경적임을 인정해 주고 격려하면서 이들이 성령의 인도함 가운데 보다 깊은 영적인 세계로 들어가도록 도와주는 것, 그것이 기독교 지도자들이 해야 할 일이 아닐까?

'마귀 방언'도 있는가?

방언이 활발히 나타나는 현장에는 으레 이런 풍문이 떠돈다. '마귀 방언도 있다더라.' 과연 마귀 방언이 있는가? 이 질문에 답하기 위해서 우리는 당시 이방 종교들 혹은 유대교에 이런 현상이 있었는가를 검토해야 한다. 또 우리는 현대 세계에서 기독교 이외의 고등 종교나 무속 신앙에서 이런 현상을 찾아 볼 수 있는가 하는 질문을 할 수 있다. 만약 비슷한 체험이 있다면 이것과 마귀 방언과의 관련성은 어떤 것인가도 검토해야 한다.

고대 이방 종교에 방언이 있었는가?

바울이 방언이라는 어구를 쓴 것은 당시 헬라 종교에 비슷한 현상이 있었던 것은 아닐까? 특히 델피 신전의 예언 행위나 그레꼬-로마 전통의 종교에서 행해지는 신탁이 방언과 비슷하다는 주장도 있었다. 그래서 학자들은 고대 세계에서 비슷한 현상이 나타난 예로 마리 문서, 벤-아몬, 카산드라, 디오니시우스 제의, 델피의 신탁 등을 든다. 하지만 최근에 이 분야를 철저히 연구하여 『신약의 방언』이라는 연구서를 낸 호벤덴(Gerald Hovenden)은 "그레꼬-로마 배경에서 신약의 방언과 분명히 부합하는 것은 거의 찾아볼 수 없다"고 한다. "신약의 방언과 부합되는 것은 양자 공히 초자연적 출처를 가지고 있다고 믿는 것뿐이다" (G. Hovenden, *Speaking in Tongues: The New Testament Evidence in Context*, 30). 바울이 말하는 방언이 기본적으로 사람들이 아닌 신을 향하여 알아들을 수 없는 말을 하는 것이라면, 앞의 모든 현상들은 기본적으로 예언자가 신탁을 받아 자기도 알고, 그 신탁을 듣는 사람도 알아들을 수 있는 말을 하는 것이다. 이 현상은 오히려 바울이 말한 예언과 비슷하다. 고대 이방 종교에서 방언과 동일한 것은 찾을 수 없다.

구약이나 유대교에 방언이 있었는가?

바울이 방언을 말하기 이전에 구약 시대나 중간 시대 혹은 신약 동시대에 방언이 존재했었는가? 아니면 이에 관한 어떤 언질을 줄 만한 배경이 있었는가? 우선 구약 성경에서는 단순한 이성에서 근원한 것이 아닌 영감을 받아 말을 하는 사건이 많이 언급된다. 사무엘이 이스라엘 첫 번째 왕인 사울 왕에게 기름을 부을 때 사무엘은 사울이 예언을 할 것을 선언한다(삼상 10:6). 실제로 사울은 다윗을 잡으러 라마 나욧에 이르러 예언을 했다(삼상 19:20-24). 예언이란 영감 받아 말하는 말을 뜻한다. 영감 받아 하나님께 기도하는 방언과는 다른 것이다. 다음으로 이사야서 28:11에는 "다른 방언"이라는 말이 나온다. 여기서 사용된 방언이란 단어는 신약에서 말하는 성령의 영감으로 나타나는 방언이 아니다. 하나님께서 마음이 굳고 유치한 이스라엘 사람들에게 어린 아이 같은 말과 '다른 언어'(아마도 앗시리아어)로 말하겠다는 것이다. 또 유대교 문서로 『욥의 유언』에 보면 욥의 딸들이 영감 받아 말하는 내용이 나오는데 그 내용은 하나님을 찬양하는 것이었다. 전혀 알아들을 수 없게 하나님께 기도하는 것이 아니라 영감 받은 언어로 다른 사람도 알아들을 수 있게 하나님을 찬양하는 것이다.

결국 우리는 호벤덴을 따라 유대교에 방언이 있었는가 하는 질문에 다음과 같이 결론을 내릴 수 있다. (1) 당시 인간 중재자들을 통해서 하나님이 사람들과 소통할 수 있다는 기대감이 있었다. (2) 그 소통은 자발적이고 하나님께 향했다. (3) 이 말들이 방언/혹은 실제 언어였는지에 대한 결정적인 증거는 없다"(Speaking in Tongues, 53). 결국 구약과 유대교에도 신약에 나오는 방언과 같은 것은 없었다.

현대 다른 종교에도 방언이 있는가?

심리학자들과 종교학자들에 의하면 기독교뿐만 아니라 다른 종교 혹은 무속 신앙에도 그 종교의 신자가 무아지경에 빠져 알아들을 수 없는 말로 영감을 받아 말하는 현상이 있다고 한다. 그런 현상은 얼마든지 있을 수 있다. 그렇다면 교회에서 일어난다고 해서 모두 기독교적 방언이라고 할 수는 없지 않은가라는 질문을 당연히 할 수 있다. 성령의 역사 가운데 악령이 틈타 이른바 마귀 방언을 말할 수도 있지 않은가? 마귀가 영물이고, 선한 것을 가장하여 흉내 내는 데 명수이기 때문에 이론적으로만 말하면 마귀 방언은 얼마든지 가능하다.

하지만 우리가 '마귀 방언도 있다더라'는 말은 만약 사용한다면 매우 조심해서 해야 한다. 이 말을 들었을 때 우리는 과연 방언에 대해서 어떤 태도를 취하게 될까? 아마도 성경이 가르치는 대로 방언을 사모하지 않고 조심스럽게 경계할 것이다. 요구르트에 독극물을 넣었다는 괴편지가 한 방송국에 배달되었다는 사실을 알게 되었을 때 사람들은 적어도 그 의문이 해소되기까지는 요구르트를 사먹지 않는 것처럼 말이다. 마귀 방언에 대한 의문이 해소될 때까지 방언 체험하는 것을 중단하고 기다려야 할 것인가? 결코 아니다. 비록 어떤 경우에는 마귀가 미혹할 때가 있지만 신자는 그것을 두려워해서는 안 된다. 바울도 고린도교회 방언에 대해서 깊이 있게 다룬 후에 앞으로 의혹이 해소될 때까지 방언을 사용하지 말라고 하지 않고 오히려 적절하게 질서를 유지하면서 방언을 계속하라고 권면한다(고전 14:40).

바울은 마귀 방언이라는 말을 쓰지 않았다

우리는 바울이 마귀 방언이라는 말을 쓰지 않았다는 것을 주의해서 볼 필요가 있다. 흥미롭게도 바울이 언급한 것은 마귀 방언이 아니라 '천사(들)의 방언'이다. 고린도전서 13:1에서 바울은 사랑이 없는 방언은 소용이 없다는 의미에서 "사람들의 방언과 천사들의 방언"(한글 개역 개정판에는 "사람의 방언과 천사의 말"로 번역)이라는 어구를 사용한다. 여기서 "천사들의 방언"이란 천사들이 쓰는 말이다. 바울은 사람이 천사들의 말을 할 수 있다는 가정을 하면서 그렇다고 해도 사랑이 없으면 그 방언이 아무 소용이 없다는 것을 강조한다. 신자가 천사들의 방언을 한다는 것은 아마도 높은 경지의 영적 체험을 말하는 것 같다. 그런데 바울은 고린도교회의 방언 문제가 논란이 되었음에도 불구하고 그들의 방언이 혹시 마귀에서 근원했을 것인가는 전혀 고려하고 있지 않다. 바울은 '마귀 방언'이라는 어구를 쓰지 않았다. 그들의 방언은 성령으로부터 근원한 것임을 자명한 것으로 여기면서 바울은 방언이 사랑과 함께 가야 함을 역설한 것이다. 바울에게 있어서 마귀의 방언이라는 개념은 없다.

우리도 방언을 말할 때 마귀 방언 운운할 필요는 없다. 성령의 은사 중에 영분별의 은사가 있기 때문에 잘못된 것은 당연히 이 은사를 통해서 분별하면 된다. 방언을 사모하는 사람들에게 마귀 방언을 말하는 것은 갈증해소를 위해 요구르트를 막 마시려고 하는 사람에게 단순한 가능성만 가지고 요구르트에 독극물이 들어있을지도 모른다고 말하는 것과 같다. 물론 그런 위험이 있으면 당연히 말해야 한다. 하지만 바울은 교회에 독극물을 분별할 수 있는 은사를 주었다고 말한다. 그러므로 모든 신자는 성령의 인도함에 따라 안심하고 방언을 비롯한 여러 은사가 교회와 개인에게 나타나기를 사모해야 한다. '마귀 방언', 이 말은 정상적인 방언을 사모하지 못하게 하기 위해 마귀가 퍼뜨린 말이 아닐까?

방언은 불신앙의 표지(sign)인가?

"율법에 기록된바 주께서 이르시되 내가 다른 방언을 말하는 자와 다른 입술로 이 백성에게 말할지라도 그들이 여전히 듣지 아니하리라 하였으니 그러므로 방언은 믿는 자들을 위하지 아니하고 믿지 아니하는 자들을 위한 표적이나"(고전 14:21-22). 아마도 이 구절이 바울의 방언관을 이해하는 데 있어서 최대의 난제일 것이다. 이 구절을 언뜻 보면 바울은 방언을 불신앙의 표지라고 본 것처럼 생각되기 때문이다. 어떤 사람이 방언을 한다는 것은 그것 자체가 불신앙을 나타낸다는 것이다. 바울은 구약에서 방언이라는 단어가 나온 구절을 언급하면서, 하나님이 방언을 말하는 것은 그의 백성에 대한 심판을 의미한다고 논증하고 있다. 사실 많은 학자들은 이 구절을 근거로 바울은 방언을 매우 나쁜 것으로 보았으며, 방언을 일부 인정한 것은 논의 과정에서 수사적 정책이었다고 한다. 바울은 방언을 적극적으로 부정한 사람이라는 것이다.

고린도교회의 상황과 바울의 답변

이 문제를 해결하기 위해서는 무엇보다도 고린도전서 12-14장에서 바울이 방언에 대해서 상술하면서 독자를 설득해 나가는 상황과 논법을 잘 따라가야 한다. 고린도교회에는 성령의 은사가 풍성하여 예배 가운데 여러 은사들이 나타났다. 그런데 신자들 사이에 은사에 대한 우열 논쟁이 있었다. 특히 방언을 하는 신자들은 하나님과의 직접적인 소통이라고 생각해서 더욱더 우쭐대며 자신들의 영적 우월성을 나타내기 위해 예배 가운데 중구난방으로 알아듣지 못하는 방언을 했다. 이에 대해서 불쾌감을 가진 신자들이 있었고, 그곳을 방문하는 불신자들 혹은 은사에 대해서 무지한 사람들은 이러한 행위를 미친 짓이라고 여겼다.

 이에 대해서 답변한 것이 고린도전서 12-14장의 내용이다. 바울은 우선적으로 모든 성령의 은사의 출처가 한 성령이라는 것을 가르친다(12:4-11). 또 바울은 각 그리스도인은 그리스도가 몸인 교회의 하나의 지체로서 구성원을 이루기 때문에, 어떤 신자도 지위의 고하에 상관없이 그리스도 안에서 하나를 이루어야 한다고 말한다. 오히려 낮은 지체에게는 주께서 존귀를 더하여 전체를 고르게 하는 것이 하나님의 방법이다(12:12-26). 그래서 하나님은 교회에 여러 직책과 은사를 주셨고 각자는 그 직책과 은사를 통해서 서로를 섬겨야 한다(12:27-31a). 그런데 그 은사는 사랑의 길을 통해서 사용해야만 효과가 나타난다(12:31b-13:13). 이제 바울은 방언과 예언을 구체적인 예로 들어 어떻게 사용해야 하는가를 보여 준다. 바울은 방언과 예언은 모두 신령한 은사로서 방언은 방언을 하는 사람 개인의 신앙 함양을 위해, 예언은 예언하는 사람이 아니라 예언을 받는 다른 신자에게 유익을 주는 은사라고 말하면서 양자를 모두 사모하라고 말한다. 그런데 교회 안에서 공적인 모임을 가질 때 방언을 통역 없이 말하면 듣는 사람에게 아무런 의미 없는 단어를 뇌까리는 것이 되므로 되도록 예언을 하고 방언을 하려면 통역을 대동해야 한다. 통역 없는, 즉 알아들을 수 없는 방언을 공적으로 말하는 것은 무의미하다(14:1-19).

여기서 말하는 방언이란 무엇인가?

지금까지 바울이 전개한 논지를 따라가자면 고린도전서 14장 20-25절에서 말하는 방언은 개인 기도로서의 방언이 아니라 통역 없이 공적으로 말하는 방언이다. 이전이나 이후의 구절에서 바울이 방언을 포함해서 어떤 은사 자체를 부정적으로 묘사한 경우는 없다. 은사가 성령의 선물이므로 그 자체로 선하다. 은사의 성격상 나쁜 은사는 없다. 바울이 여기서 부정적으로 평가한 것은 통역이 되지 않고 통제가 되지 않게 공적 예배 가운데 사용된 방언인 것이다.

바울은 공적 모임에서는 알아들을 수 있는 말 다섯 마디가 못 알아듣는 방언 일만 마디보다 더 낫다고 말한다(14:19). 바울은 이런 의미에서 하나님의 말씀을 못 알아듣는 것은 일종의 심판이라고 생각하며 구약의 한 구절을 예를 든다. 사실 여기서 인용된 이사야 28:11은 바울이 지금까지 언급한, 신자가 하나님께 대한 기도로서의 방언이 아니다. "다른 방언"이라는 말과 "다른 입술"이라는 단어를 언급하면서 바울은 이것을 못 알아듣는 방언과 비교하고 있다. 본래 이 말이 언급된 역사적 정황은 신약의 방언과는 거리가 멀다. 하나님께서 계시를 받아들이지 않는 이스라엘 백성에게 이스라엘이 이방 언어로 여기는 앗시리아 언어로 말하신다는 것이다. 이스라엘 백성이 전혀 알아들을 수 없는 말로, 마치 성도들이 통역이 없이 공적으로 방언을 할 때의 청중과 같은 처지이다.

바울은 고린도교회의 상황과 이 본문의 연관성을 깊이 묵상하는 가운데 자신의 상황에 맞게 이 본문을 다음과 같이 이해했다. 오만한 지도자들이 하나님의 선지자의 말을 듣지 않고 애굽과 동맹을 맺어 자신들의 안전을 도모할 때 하나님은 전혀 알아들을 수 없는 말로 백성들에게 임하게 될 것이라는 것이다. 알아들을 수 없는 말, 즉 방언은 불신앙에 대한 심판을 의미한다. 알아들을 수 없는 말은 계시의 단절을 의미하며 심판이요 정죄이다. 마찬가지로 사람들이 예배 시간에 알아들을 수 없는 말로 중구난방으로 말하면 곧 심판과 정죄의 표시가 된다는 것이다.

바울이 말하는 방언이 통역되지 않은 상태로 공적 모임 가운데 사용된 것임은 이후의 논증을 통해서도 분명해진다. 바울은 청중이 알아들을 수 있는 예언을 통역되지 않은 방언과 비교하고 있다(14:22b). 바울은 모일 때 모두가 방언을 하면 이것을 알아듣지 못하는 청중에게 혼란을 주지만, 모두가 예언을 하면 청중이 회개에 이를 수 있다고 한다. 바울은 공적 예배에서 알아들을 수 있는 말을 하는 것의 중요성을 논증하고 있다.

예배에서 방언과 통역을 하는 법

만약 바울이 방언 자체를 불신앙을 나타내는 표지로 보았다면 이후의 바울의 논증은 방언 폐기론이 되어야 하겠지만 바울은 예배 가운데 방언의 바른 사용법에 대해서 논하고 있다. "(예배 가운데) 누가 방언으로 말하거든 두 사람이나 많아야 세 사람이 차례를 따라 하고 한 사람이 통역할 것이요. 만일 통역하는 자가 없으면 교회에서는 잠잠하고 자기와 하나님께 말할 것이요"(고전 14:27-28). 더 설명할 것도 없이 여기에서 바울은 방언이 예배 가운데 통역과 함께 사용되면 유익하다는 것을 말하고, 먼저 방언을 말하고 그 다음에 차례대로 통역이 뒤따라야 하며 통역이 없는 경우에는 예배 가운데서는 방언을 하지 말고 혼자 기도할 때 해야 한다고 말한다.

한마디로 말해, 바울은 방언 자체를 불신앙의 표지로 보지 않았다. 다만 통역되지 않은 방언을 공적 예배에 사용하면, 하나님께서 불순종하는 그의 백성에게 알아들을 수 없는 말을 할 때 심판의 메시지가 되듯이 청중에게 아무런 계시가 되지 않는 무익한 말이 된다.

방언은 하찮은 은사인가?

우리 교계나 학계에서는 방언을 사탄으로부터 온 것이라든가, 아니면 심리적으로 불안한 상태에서 그냥 뇌까리는 말이라든가, 혹은 가난한 민초들이 하소연할 데가 없어 이상한 말이 자기도 모르게 튀어나오는 것이라든가 하며 방언을 적극적으로 부정하는 목소리는 많지 않다. 대신에 방언을 인정하면서도 방언이 뭐 그리 대단한 것인가 하는 소극적 인정의 태도를 보이는 경우가 많다. 바울이 방언을 인정한 것은 방언을 적극적으로 수용한 것이라기보다는 방언으로 인해 문제가 생긴 고린도교회를 꾸짖기 위해 마지못해 수사적 정책으로 인정한 것이라는 입장이다. 바울이 방언을 하찮은 은사로 취급했는가에 대해서 고찰해 보자.

바울은 방언을 하찮은 은사로 취급했는가?

사람들은 바울이 방언을 하찮은 은사로 취급한 증거로 바울이 은사를 열거할 때마다 방언을 거의 매번 마지막에 둔 것을 든다(고전 12:8-10;

28-30; 14:26). 특히 바울이 은사 혹은 직분을 언급할 때는 첫째, 둘째, 셋째라는 서수를 사용하는데 여기에서 방언이 맨 마지막에 나오는 것을 보면 방언의 은사가 은사 중에서 가장 미미하다고 주장한다. 이 주장은 여러 사람들에게 상당히 설득력 있게 받아들여졌다. 하지만 고린도전서 12-14장에서 바울이 은사에 대해서 설명하는 기본 논조를 보면 이 주장이 맞지 않는다는 결론에 이르게 된다.

누구나 인정하듯이 고린도전서 12-14장에서 바울은 은사에 대한 태도와 실행에 대해서 고린도교회 교인들을 꾸짖고 있다. 우선적으로 은사에 대해서 파당적으로 생각하는 태도를 꾸짖는다. 바울은 여러 은사를 열거하기에 앞서 은사가 모두 한 성령으로부터 주어진 것임을 강조한다(12:4). 고린도교회는 영향을 받은 사람에 따라 바울파, 아볼로파, 게바파, 심지어 그리스도파로 나뉘었듯이(고전 1:12), 예언파, 방언파, 신유파 등으로 나누어질 위험에 처했다. 특히 은사에 관해서는 무엇이 더 중요하고 상위에 있는지에 대해서 서로 싸우고 있었다. 이에 대해서 바울은 그리스도인은 그리스도가 몸인 교회의 지체이고, 각 지체가 경험한 각각의 은사에는 근본적으로 위계가 없음을 비교적 상세하게 논증하고 있다(고전 12:12-26). 그러므로 은사에 위계가 있다고 전제하고 방언의 은사를 가장 낮은 단계로 취급하는 것은 바울의 입장이 아니다.

바울은 사랑을 최고의 은사라고 말했는가?

바울이 열거한 9가지 은사에는 위계가 없다 하더라도 이른바 '최고의 은사'인 사랑보다는 열등한 것으로 취급한 것은 아닌가? 바울은 고린도전서 12장을 마무리하면서 이렇게 말한다. "너희는 더욱 큰 은사를 사모하라. 내가 또한 가장 좋은 길을 너희에게 보이리라"(12:31). 이어서 바울은 13장에서 사랑을 말한다. 그러므로 바울은 여러 은사 중에서 가장 큰 은사를 말하고, 이어서 사랑을 언급하는 것을 볼 때 사랑을 최고의 은사라고 제시한 것이라고 한다. 하지만 헬라어를 조금만 알고 문맥 성경만 보아도 위와 같은 주장은 맞지 않음을 금방 알 수 있다. 학문 연구에 의해서 잘 분석해 놓은 현대의 많은 번역본에서 보면 고린도전서 12:31은 두 부분으로 나뉜다. 상반절 "더욱 큰 은사"를 사모하라는 것은 12장의 결론이고, 하반절 "가장 좋은 길"에 대한 것은 13장에 걸린다. 바울은 은사에 대해서 상술한 후 결론적으로 여러 은사들을 적극적으로 사모하라는 취지로 "더욱 큰 은사"(들)-바울이 어떤 특정 은사를 최고의 은사로 취급한 것이 아님-를 사모하라고 하면서, 동시에 은사를 사용해야 하는 최고의 길을 명시한다. 그것은 다름 아닌 사랑이다.

또한 바울은 사랑이 방언보다 절대적으로 더 좋은 것이라고 말을 하는 것이 아니다. 우리는 흔히 고린도전서 13장을 사랑의 찬가라고 해서, 바울이 사랑을 독립적으로 찬양한 것으로 취급하지만 여기서 바울이 말하려고 했던 주제는 은사-특히 방언의 은사-와 사랑의 관계에 대한 것이었다. 바울이 말하려고 했던 요지는 사랑이라는 길을 따라가지 않으면 은사는 무용지물이 된다는 것이다. 은사는 사랑의 길을 따라 사용되어야 한다는 것이다. 곧 바울이 주장한 것은 은사 무용론이 아니라 오히려 사랑의 길을 따라 은사를 적극적으로 사용하라는 바른 은사 활용론이다. 이것은 13장의 결론이요, 14장의 서론이라고 할 수 있는 14:1에서도 명확히 나타난다. "사랑을 추구하며 신령한 것을 사모하되." 바울은 사랑과 은사 어떤 것도 희생시키지 않고 양자가 교회의 삶 가운데 다 있어야 함을 역설한다.

바울은 예언을 방언보다 더 좋은 은사라고 추천했는가?

그런데 바울은 방언과 예언 중에서 예언이 더 좋은 은사라고 생각해서 예언을 더 적극적으로 추천한 것은 아닌가 하는 의문을 제기할 수 있다. 고린도전서 14장을 얼핏 보면 그렇게 생각할 수도 있다. 바울은 신령한 은사를 사모하라고 하면서 그중에서도 특히 예언을 하라고 말한다(14:1, 5). 심지어 "만일 방언을 말하는 자가 통역하여 교회의 덕을 세우지 아니하면 예언하는 자만 못하니라"(고전 14:5b)고 말한다. 언뜻 보면 바울은 은사에 있어서 우열을 말하는 것 같다. 하지만 자세히 보면 여기에는 조건이 있다. 방언이 통역되지 않은 상태에서 교회에서 행해지면 거기에는 아무 유익이 없기 때문에, 효과에 있어 그것을 통해 다른 신자에게 유익을 주는 예언만 못하다는 것이다. 바울이 예언과 방언을 비교할 때 그 효과에 대해서 말하고 있을 뿐 그 본질에 대해서 말하고 있는 것이 아니다.

바울은 통역이 되지 않는 상태에서 방언이 교회 예배 가운서 말해지는 것에 대해서는 상당한 정도의 경계를 하고 있다. 심지어 이때의 방언은 구약 성경에서 불신자들에게 행해진 심판의 표지라고까지 말한다(14:21-22). 그래서 바울은 교회 안에서 신자들의 신앙 함양을 위해서는 예언이 사용되기를 적극적으로 권한다. 방언 사용을 금지한 것은 아니다. 개인 기도로서는 자신도 그 어떤 사람보다도 방언으로 기도를 많이 하는 것에 자부심을 갖고 있다고 말하면서(14:18), 동시에 교회에서는 공적으로 방언을 하면 반드시 통역이 되어야 함을 역설한다(14:13, 27-28). 결론적으로 바울은 예배 시간에 있어야 할 요소로서 방언과 예언 모두를 인정하면서 각각을 사모하고 금하지 말라고 한다(14:40).

방언을 못하는 사람은 2급 신자인가?

대학을 나오지 않은 사람은 다른 사람이 대학 학창 시절 이야기를 하면 왠지 모르게 주눅이 들면서 상처가 된다. 대학을 나온 사람 중에서도 일류 대학을 나오지 못한 사람들은 일류 대학을 나온 사람들끼리 대학 이야기를 할 때 왠지 움츠러든다. 강남에 살아보지 못한 사람은 한편으로는 거기에 살아보고 싶은 동경심도 있고 한편으로는 강남 사람들을 졸부라고 생각하며 거리를 두기도 한다.

방언에 대해서도 비슷한 태도는 없는가? 아직 방언을 경험하지 못한 사람들 중에 친구가 방언을 경험했다고 할 때 한편으로는 부러우면서도 또 한편으로는 그것을 부정하고 싶은 마음이 들기도 한다. 특히 목사가 방언의 은사를 체험하지 못한 상태에서 교회 집사가 방언을 체험했다고 자랑하면 목사의 마음이 그리 편하지 않게 마련이다. 성도들 중에서도 신앙의 열정이나 열심이 덜한 사람이 방언을 받으면 왠지 방언을 아무나 받는 것으로 취급하고 싶다.

방언은 구원과 상관없다

우리가 방언에 대해서 부정적인 생각을 갖게 되는 가장 많은 경우는 성경을 읽어서가 아니라 방언하는 사람들의 태도를 통해서이다. 방언 체험은 개인에게는 놀라운 체험이기 때문에 개인은 자연스럽게 그 이야기를 하게 된다. 방언을 체험하기 전과 후가 특히나 신앙생활에서 극명하게 전환점을 맞은 사람에게는 더욱 더 그러하다. 그래서 가끔은 방언 체험한 것을 자랑하게 되고, 때로는 방언 체험을 아직 못한 사람들을 무시하는 태도를 보이는 경우도 있다. 지나치면 방언을 체험하지 못한 사람은 아직 거듭나지 않은 것이 아닐까 하고 의심하는 경우도 있는 것 같다. 하지만 구원의 선물은 불신자에게, 은사는 신자에게 주어지는 하나님의 선물이라는 것이 분명하건데, 특정 은사를 경험하지 못한다고 해서 신자가 아닐 수는 없다. 모든 사람은 예수를 그리스도로 고백하여 구원에 이르는 것이지 구원이 어떤 은사 체험의 유무와 상관이 있다는 것은 어불성설이다.

'방언=신앙 성숙'은 아니다

방언이 구원과 상관없다 해도 방언을 체험한 사람은 체험하지 않은 사람보다 신앙이 성숙한 것은 아닌가? 일부 사람들은 이 질문에 "그렇다"고 대답할 것이다. 방언을 하는 사람들이 더 열심히 교회에서 봉사생활, 헌금생활, 예배생활을 잘 하는 것을 보면 이런 대답을 할 수도 있다. 아마도 어떤 개인에게 있어 방언 체험 이전과 이후에 개인적으로 신앙이 성장한다는 것은 맞는 말이다. 방언으로 기도하면 우리의 영이 하나님의 영과 교통하기 때문에 이 기도를 통하여 이전보다 신앙이 한 단계 더 나아갈 수 있다. 하지만 방언을 체험했다고 해서 곧 그것 자체가 신앙 성숙을 의미하지 않으며 또한 방언을 하는 사람이 그렇지 않은 사람보다 신앙이 더 성숙해지는 것도 아니다.

방언은 신앙 성숙에 이르는 하나의 도구

방언은 신앙 성숙에 이르는 중요한 하나의 도구이다. 신앙 성숙이란 한 마디로 하나님의 성품을 닮는 인격자가 되어 하나님께 더욱 충성하는 자가 되고 사람에게도 신실한 자가 되는 것이다. 그런데 각 사람의 신앙의 출발점이 같지 않다. 예수를 믿기 전에 인격이 많이 손상된 사람은 예수를 믿은 후에 마음의 치유를 받아야 하고, 경건생활에 익숙하지 않고 세속적 사고와 행동에 물든 사람은 그것을 버리는 과정도 필요하다. 곧 신앙 성숙에 이르기 위해서 신자가 된 후에도 각자가 여러 다른 방면에서의 치유와 훈련이 필요한 것이다.

방언은 치유와 훈련에 있어서 기도의 영역에서 하나의 도구가 된다. 신앙이 성숙하기 위해서는 예배생활, 말씀 훈련, 성도 간의 교제, 고난의 훈련, 기도 훈련 등 많은 요소들이 필요한데 방언은 이 중에서도 기도에 관한 것이고, 방언은 신자의 기도에 있어 단순히 이성을 사용하는 것을 넘어 성령께서 혀를 직접 통제해서 하나님의 마음에 합하는 기도를 하게 도와주는 것이다. 그래서 사람 내면속에 있는 죄를 방언 기도 속에서 고백하고, 용서하고, 악한 것을 물리치게 된다. 방언 기도가 어떤 사람을 영적으로 성숙하게 하는 데 좋은 도구임은 말할 필요도 없다.

요약 및 결론

이상을 통해서 우리는 방언에 대한 성경적 입장을 살펴보았다. 방언은 사도가 사라지면서 그쳤다는 방언 중지론, 심리적으로 불안정한 사람들이 뇌까리는 정신병적이라는 이론, 마귀에게서 나온 것이라는 이론, 방언 자체가 불신앙의 표지라는 이론, 바울은 방언을 인정했지만 하찮게 취급했다는 이론, 방언이 곧 신앙 성숙을 의미한다는 이론 등은 모두 비성경적임을 밝혔다. 바울은 방언을 지금까지 신학자들이나 전통적인 교회에서 생각해왔던 것보다도 훨씬 더 방언을 긍정적인 측면에서 기술하고 있다. 방언은 성령이 주시는 선물인 기도의 언어인 것이다.

방언에 대한 태도 변화를 위해서

사실 각자가 바울이 방언에 대해서 비교적 상세하게 설명한 고린도전서 12-14장을 읽지만 읽고 난 후 바울이 방언에 대해서 어떠한 입장을 취했는가에 대해서는 각자의 이해가 너무 다르다. 물론 한 구절이나 긴 본문을 해석하는 데 있어 하나의 해석만 있는 것이 아니다. 어떤 구절에 대해서는 정반대의 해석이 얼마든지 가능하다는 것을 인정해야 한다. 하지만 하나의 단어, 구절이 아니라 전체적인 바울의 기조에 대한 이해에 대해서도 사람들의 입장이 이렇게 극명하게 대조되는 것은 어떻게 된 것인가? 아마도 각자의 방언에 대한 선입견에서 기인한 것 같다. 이 선입견 혹은 체험은 개인적인 것일 수도 있고, 교단이나 교회의 입장을 따르는 집단적인 것일 수도 있다. 어떤 사람도 성경 앞에서 완전히 객관적이 될 수 없다고 전제할 때 우리 각자는 지금까지 견지해온 태도가 과연 바울이 성경에서 말하고 있는 것을 진지하게 들으려고 했던 것인지, 아니면 자신의 기존 입장을 주입하려 한 것인지를 깊이 생각해 볼 필요가 있다.

지금까지 필자의 연구와 사역 경험을 통해서 볼 때-이것은 비단 필자만의 경험이 아니라 여러 다른 동료 학자들과 신자들의 경험이기도 한데-방언에 대한 태도를 결정하는 가장 중요한 인자는 방언 체험의 유무이다. 물론 이 주장은 순환논법의 오류에 의한 것일 수도 있다. 방언에 대한 바울의 입장을 알아야 체험하는 것인데, 일단 체험해야 태도가 달라진다니, 논법에 잘 맞지 않는다. 하지만 체험과 지식이라는 것은 특히 신앙 지식일 때 그것은 꼬리에 꼬리를 무는 형태, 즉 다이내믹하게 연결된 것이지, 무엇이 다른 것을 반드시 앞선 것은 아니다. 우리는 성경을 해석하면서 체험하고, 또 체험하면서 성경이 새롭게 해석된다.

영적인 일은 영적으로 분별한다

방언 이해가 체험과 관계되어 있음은 우리의 체험적인 주장이 아니라 바울 자신이 천명한 것이다. 바울은 방언에 대한 논증 말미에 지금까지의 논증과는 사뭇 다른 난해한 말을 한마디 던진다. "만일 누구든지 자기를 선지자나 혹 신령한 자로 생각하거든 내가 너희에게 편지한 것이 주의 명령인줄 알라"(14:37). 지금까지 바울은 신령한 은사에 대해서 언어의 논리로 상대방을 설득해 왔다면, 이제는 단순한 언어 논리 이상의, 권위적 논증을 하고 있다. 나아가 바울은 "만일 누구든지 알지 못하면 그는 알지 못한 자니라"(14:38)고 하여 일종의 체험적 논증과 선언을 하고 있다.

"알지 못하면 알지 못한 자니라"는 말이 무슨 뜻인가? 한글 개역 성경에는 이와 같이 번역되어 있지만 사실 이 문장을 원문에서 문맥에

맞게 정확하게 번역하기는 쉽지 않다. 문법 구조가 복잡해서라기보다는 그 뜻을 문맥에서 결정해야 하는 어려움이다. 그래서 번역본마다 그 의미가 상당히 다르다. "누구든지 이것을 인정하지 않으면, 그 사람도 인정을 받지 못할 것입니다"(표준새번역 개정판; RSV). "이것을 깨닫지 못하는 사람의 말은 인정할 수 없습니다"(공동번역 개정판). "이것을 인정하지 않는 사람은 하나님이 그를 인정하지 않습니다"(NEB). "만약 그가 이것을 인정하지 않으면 당신도 그를 인정해서는 안 됩니다"(Jerusalem Bible). "그가 이것을 무시하면 그 자신도 무시될 것입니다"(NIV).

요체는 '아그노에오'라는 헬라어 동사가 '무시하다'를 의미하는지, 아니면 '무지하다'(혹은 '인식하지 못하다')를 의미하는지와, 수동태로 된 주절 동사의 주어가 누구인가 하는 것이다. 한글 개역 성경은 '무지하다'고 번역했고, 조건절의 수동태를 의미상 능동태의 형태로 번역했다. 이 말은 지금까지 바울의 논증을 이해하지 못하면 결국 그 사람은 영적인 일을 모르는 사람이라는 뜻이 된다. 영적인 일은 영적으로 분별할 수밖에 없다는 바울의 천명과 일치하는 것이다(고전 2:13). 이 번역을 취하면 본 구절의 의미는 영적인 은사는 체험하지 않으면 어떠한 설명으로도 이해할 수 없다는 것이 된다.

주님의 말을 무시하면 그 대가를 받게 된다

한글 개역 성경과는 다른, 보다 문자적인 번역을 취하면(표준새번역 개정판; NIV; NEB) 38절은 영적인 일에 대한 인식의 문제가 아니라 바로 그것을 인정하지 않는 사람들에 대한 일종의 심판적 메시지이다. "주의 명령"인 바울의 가르침을 인정하지 않고 따르지 않는 사람은 (하나님으로부터도) 인정받지 못하게 된다는 것이다. 물론 주절 동사는 수동태로서 그 작인이 명시되어 있지는 않다. 하지만 문맥에서 볼 때 신적 수동태(작인이 명시적으로 언급되지 않지만 그것이 하나님으로 전제되어 있는 히브리적 용법)일 가능성이 높다. 그래서 다른 주요 사본에 보면 주절을 "알지 못하는 대로 두라"고 하여 심판적 메시지가 더 강하게 내포되어 있다. 어쨌든 우리가 취한 본문만으로도 38절은 얼마든지 심판의 메시지로 해석될 수 있다. 이 해석대로 하면 만약 우리가 바울을 통해 제시된 가르침을 주님의 말씀으로 인정하지 않는다면 그 사람은 하나님으로부터 인정받을 수 없다는 것이 된다(cf. 고전 8:2-3). 우리는 바울의 가르침을 겸손한 태도로 그러나 주의 깊게 고찰하고 그 말씀을 그대로 받아들여야 할 것이다.

제 2 장

방언, 그것을 알고 싶다

tongue

방언을 꼭 해야 하는가?

　방언 기도는 왜 필요한가? 신자는 방언 기도를 하지 않아도 얼마든지 효과적이고 올바른 기도를 할 수 있지 않은가? 그렇다. 기도는 근본적으로 신자가 자신의 거듭난 이성을 사용해서 하나님께 무엇을 아뢰면서 교제하는 것이다. 그 기도 형태가 꼭 방언일 필요는 없다. 그런데 바울은 자신이 이성으로 기도할 뿐만 아니라 방언으로도 기도한다고 하면서 양자 모두가 필요하다고 말한다. 바울은 방언으로 기도하면 우리의 영이 열매를 맺고, 이성으로 기도하면 우리의 이성이 열매를 맺기 때문에 우리의 이성과 영이 동시에 열매를 맺으려면 이성으로만 하는 기도와 아울러 성령으로 기도하는 방언 기도가 필요하다고 말한다 (고전 14:15).

신자의 연약함과 성령의 도움

신자에게 성령의 직접적인 개입으로 이루어지는 방언 기도가 필요한 근본적인 이유는 무엇일까? 해답이 로마서 8:26에 나와 있다. "이와 같이 성령도 우리 연약함을 도우시나니 우리는 마땅히 기도할 바를 알지 못하나 오직 성령이 말할 수 없는 탄식으로 우리를 위하여 친히 간구하시느니라." 신자의 연약함 때문에 방언이 필요한 것이다("말할 수 없는 탄식"이 방언이라는 것은 뒤에 설명할 것이다). 연약함이란 무엇인가? 신자는 기도를 해야 한다는 당위성은 인지하고 있지만, 마땅히 기도할 내용을 알지 못한다는 것이다. 유대인으로 하나님의 율법을 지켜야 한다는 당위성을 알고 있었지만, 실제로는 실천할 수 없는 마음과 능력이 없음으로 인해 느끼는 무력감과 비슷한 것이다(롬 7장). 신자는 마땅히 기도할 바를 몰라 무력감을 느낀다. 이때 성령의 직접적인 도움이 필요하다. 바울은 이 상황에 있는 그리스도인들을 성령께서 직접 도와준다고 말한다.

다른 측면으로 보면 신자가 연약함을 느낄 때 성령의 직접적인 도움의 역사가 나타난다고 할 수 있다. 바울은 성령의 능력을 체험하는 것과 연약함의 주제를 잘 연결시키고 있다. 바울은 자신의 몸에 있는 질병, 연약함을 없애 달라고 기도하였지만 하나님의 응답은 오히려 그 약함 때문에 온전한 능력이 나온다는 것이었다. 그래서 바울은 이렇게 고백한다. "그러므로 내가 그리스도를 위하여 약한 것들과 능욕과 궁핍과 박해와 곤고를 기뻐하노니 이는 내가 약한 그때에 강함이라"(고후 12:10). 바울은 다른 많은 편지에서도 연약함 혹은 고난이 성령의 능력이 역사하는 기회임을 역설하고 있다(골 1:9-11; 살전 1:5-6; 고전 2:3-5).

"말할 수 없는 탄식"과 방언

바울이 말한 "말할 수 없는 탄식"이 방언을 지칭하는지에 대한 문제를 살펴보자. 기도의 주체는 분명히 성령이다. 다음 구절에서도 명확하다. "성령이 하나님의 뜻대로 성도를 위하여 간구하심이니라"(롬 8:27). 그런데 문제는 이 성령의 기도가 성도와는 상관없이, 성도와는 떨어져서 성도를 위한 기도를 하는 것인가이다. 바울은 다른 곳에서 "성령 안에서 기도하라"(엡 6:18)고 말한다. 성령의 인도하심과 도와주심 가운데 기도를 하라는 것이다. 성령이 신자의 연약함을 도와 기도한다는 것은 성령이 개별 신자 안에서 역사하시는 것이다. 성령이 성도를 위해 기도한다는 것은 성도 안에서 성령이 신자를 도와 기도의 내용을 친히 인도하신다는 것이다. 바울은 모든 일에 성령을 따라 행하라고 말하고 있는데(갈 5:16) 기도에 있어서도 마찬가지이다.

"말할 수 없는"이라고 번역된 헬라어 '알랄레토이스'(ἀλαλήτοις)가 방언을 지칭하는지는 이 단어가 무엇을 의미하는가에 달렸다. 많은 서구 학자들은 "말 없는"이라고 생각하여, 성령의 기도는 무언의 탄식의 기도라고 주장한다. 하지만 탄식이라는 구체적인 표현과 결합된 것을 볼 때 "말 없는"이라는 뜻이라기보다는 "말로 표현할 수 없는" 혹은 "말의 뜻을 알아들을 수 없는"이 더 적절할 것이다. 특히 당시의 유대인들의 모든 기도가 큰 소리로 발성하는 것이었기 때문에 말 없는 기도라고 보기는 어렵다. 이것은 보통 무언의 묵상 기도를 하는 서양 신자들의 행태이지 1세기 기도의 습관은 아니다. 고린도전서 14:2에서 방언 기도가 신자가 성령 안에서 신비를 말하여 아무도 알아듣지 못하는 기도임을 볼 때 이것도 인간의 말로 표현되지 않는 방언 기도를 지칭한다고 볼 수 있다. 바울은 고린도전서 14:15에서 방언으로 기도하는 기도를 영으로 기도하는 것이라고 말하는데, 성령의 탄식의 기도가 우리 영 안에서 이루어지고 있는 것이다.

탄식의 방언 기도

바울이 방언을 정의한 "그 영으로 비밀을 말하는 것"(고전 14:2)과 "성령이 말할 수 없는 탄식"으로 기도하는 것의 공통점을 정리하면 다음과 같다. 첫째, 신자의 영 안에서 성령이 직접적인 개입으로 하는 기도다. 둘째, 발성되지만 아무도 알아들을 수 없다. 셋째, 그 효과는 하나님과 직접적인 교통이 이루어져 하나님의 뜻대로 기도하게 된다. 넷째, 기도하는 사람의 이성(혹은 마음)은 열매 맺지 못하지만 그 영이 열매를 맺음으로 신앙이 성장한다.

신자의 연약함을 돕기 위해 성령의 직접적인 도움으로 기도하는, 알아들을 수 없는 말의 탄식이 방언 기도라고 생각하면 방언 기도를 할 때의 태도는 어떠해야 할까? 무엇보다도 영성의 최고봉에 이른 승리주의자적 태도를 취하지 않을 것이다. 사람이 기도한다는 것, 특히 방언으로 기도한다는 것은 그 사람의 연약함의 표출이다. 영성이 깊은 경지에 이르렀음을 보여 주는 표시가 아니다. 또, 이성으로만 기도하는 사람들은 자신들의 탄식(롬 8:23)을 기도로 표출할 수 있는 도움이 필요하다는 것을 절실히 느껴야 한다. 자신의 이성만으로는 자신의 탄식을 다 표출할 수 없다는 무력감에 성령의 도움을 호소하면서 기도해야 한다.

이런 방언도 있는가?

방언은 신비한 것이다. 이성의 작용으로 말하는 언어가 아니라 성령이 신자의 입술을 직접 통제하여 말하게 하는 것이다. 방언을 하면서 우리는 다음과 같은 방언들에 대하여 한 번쯤은 궁금증을 가졌을 것이다.

외국어 방언

방언은 성령의 직접적인 역사로 배우지 않은 언어로 하는 기도를 지칭한다. 그런데 이 언어가 실제 외국어일 수 있을까? 사도행전 2장에 기록된 오순절에 나타난 방언은 실제 외국어인 듯하다. 제자들이 성령 충만하여 방언으로 말하기를 시작했고 각국에서 예루살렘에 예배하러 왔던 사람들이 모국어로 방언을 알아들었다. 모국어로 말한 것이든 아니면 단순히 알아들은 것이든 방언이 실제 언어와 상관있었다. 그러므로 오순절의 첫 방언은 외국어였다고 할 수 있다.

그러면 지금 신자가 하는 방언도 외국어일 수 있을까? 누가와 바울이 기록한 방언이 본인이 배우지 않은 언어로 말하는 것이기 때문에 외국어도 될 수 있고 또 부호와 같이 영으로만 알아듣는 말일 수도 있다. 바울이 말하는 방언은 실제 외국어라는 뉘앙스는 적다. 어쨌든 현재도 방언이 얼마든지 실제 외국어일 수는 있다.

문제는 그 외국어를 본인도 모르고 한다는 것이다. 방언하는 사람에게 있어서 그 언어는 어차피 '방언'이다. 그래서 아쉽게도 외국어 방언을 하면 그 언어를 더 이상 습득할 필요가 없는 것은 아니다. 우리가 다른 나라 말을 습득의 과정을 통해서 배운 것은 성경에서 말하는 '방언을 말하는 것'이 아니다. 사도행전 2:4에서 말하는 방언은 "성령의 충만함을 받고" 성령의 인도하심을 따라 말을 하는 것이다.

선교 방언

만약 어떤 신자의 방언이 실제 외국어라면 그 방언이 모국어인 사람은 그 기도를 알아들을 수 있을 것이다. 선교지에서 그 지역 언어를 전혀 배우지 않은 선교사가 방언을 하면 사람들이 알아듣고 회개하는 역사가 일어날 수도 있는 것이다. 문헌을 보면 실제로 이런 일이 많이 일어났다고 한다. 이것의 성경적 근거는 있는가? 바울이 소개한 방언은 기도와 찬양이다(고전 14:15). 또 누가가 보도한 바에 따르면 방언의 내용은 "하나님의 큰일"을 드러내는 것이었다(행 2:11). 그러므로 방언을 할 때 하나님을 찬양하고 "하나님의 큰일"을 드러내는 것을 보면서 사람들이 회개하는 역사가 일어날 수 있다.

하지만 모든 방언이 실제 언어라고 생각하여 처음 보는 사람에게 무작정 방언으로 말하면 오히려 대화가 단절될 수도 있다. 또한 고린도교회와 마찬가지로 방언을 일종의 설교로 생각하여 예배 시간에 아무도 못 알아듣는 방언을 통역 없이 사용하는 것도 안 된다. 방언은 그것이 외국어일 때 간접적으로 다른 사람을 회개에 이르게 할 수는 있지만 방언 자체가 설교는 아니다. 공적 예배에서 통역이 없이 방언으로만 말하는 것은 삼가야 한다.

대화 방언

　방언이 실제 사용되는 언어라면 방언을 말하는 신자들은 자기도 모르는 사이에 방언으로 대화할 수 있지 않을까? 그런데 사도행전 오순절 기사에서 제자들이 방언을 했지만 그 언어를 모국어로 하는 사람들과 대화했다는 보도는 없다. 바울도 방언을 받고 사람들이 서로 말로 통하게 되었다는 기록은 남기지 않았다. 방언을 통해서 언어의 소통이 일어나는 일은 성경에 언급되지 않았다. 그런데 어떤 사람들이 방언을 할 때 마치 대화하는 것 같은 느낌을 받을 때가 있다. 대화라기보다는 듀엣 기도 혹은 듀엣 찬양이라고 해야 할 것이다. 필자는 실제로 청년 시절 다니던 교회에서 수련회 예배 중 두 자매가 눈을 감고 방언으로 기도하는데 똑같은 몸짓과 언어로 하는 것을 보고 너무도 신기해서 눈을 뜨고 오랫동안 지켜본 일이 있다. 성령의 인도하심으로 두 사람이 듀엣으로 하나님께 기도하는 아름다운 장면이었던 것이다.

방언 찬양

　방언으로 기도하는 사람 중에 방언으로 찬양하는 사람도 많이 볼 수 있다. 이것도 성경적 근거가 있을까? 물론 있다. 바울은 방언으로 기도하는 것과 함께 방언으로 찬양하는 것을 직접적으로 언급한다. "내가 영으로 찬송하고 또 마음으로 찬송하리라"(고전 14:15). 영으로 찬양하는 것이 다름 아닌 방언으로 찬양하는 것이다. 성령은 방언으로 기도하게 할 뿐만 아니라 우리가 배우지 않은 언어나 부호로 하나님을 찬양하게 한다.

아기 방언

대개 방언은 처음 체험한 이후 계속 변한다. 또 일반적으로 한 사람이 한 가지 방언만이 아니라 여러 가지의 방언을 하게 된다. 이것의 성경적 근거는 있을까? 물론 있다. 바울이 방언의 은사를 소개하면서 "각종 방언"(고전 12:10)이라고 언급했다. 방언 은사 자체가 여러 가지 방언을 지칭하는 것이다. 그렇다면 방언은 언어습득처럼 발전 단계를 거칠까? 이른바 '아기 방언'을 한 다음 '성인 방언'을 하는 것인가? 이 부분에 대한 성경적 근거는 거의 없다. 방언 자체가 어차피 하나님의 영과 통하는 것이기 때문에 그 언어를 미숙한 것과 발달된 것으로 구별하기는 어렵다. 어떤 방언이 듣기에 더 아름답다고 해서 다른 방언보다 수준이 더 높은 것도 아니다. 방언에는 여러 가지가 있고 신자는 여러 가지 방언을 하게 되는 것인데 그 수준을 인간이 가르는 것은 온당치 않다.

방언의 신비

20세기에 방언 운동이 일어나면서 학자들은 방언을 심리학적·언어학적·신학적으로 분석하기 시작했다. 하지만 분석으로 방언의 신비가 깨진 것은 아니다. 방언은 그야말로 성령의 인도하심으로 하나님과 말하는 것이기 때문에 그 안에는 항상 신비가 있다. 방언을 연구하는 데 있어 마치 해부학 교실에 있는 동물의 시체를 다루듯이 하면 안 된다. 방언의 신비를 몸소 체험하면서 성경적·신학적·사회 과학적·자연 과학적 방법을 동원하여 그 실체를 파악하여야 한다.

'새 방언'(막 16:17)이란 무엇인가?

예수님은 방언을 했었을까? 신약 성경에 의하면 예수님이 방언을 했다는 기록은 없다. 성육신하신 예수님과 하나님 사이에는 깊은 영적 교제가 이루어지고 있었기 때문에 다른 기도 수단이 필요하지 않았을 것이다. 하나님의 마음을 다 이해하지 못하여 성령의 도움을 받아야 올바로 기도할 수 있는 신자들(롬 8:26-27 참조)과 예수님은 다른 것이다.

그렇다면 예수님은 신자들이 받을 방언을 약속했는가? 마가복음 16:17에 믿는 자들에게 동반될 표적으로 "새 방언"을 말하게 될 것을 예수님이 약속하는 구절이 나온다. 그런데 문제는 이 구절이 본래 마가가 쓴 구절이 아니라는 데 있다. 성경 각 책의 원본은 현재 남아있지 않고 사본만 존재하기 때문에 사본에 차이가 있을 때 우리는 어떤 사본이 원본에 가장 가까울까를 추정한다. 이 학문을 본문 비평(혹은 원문 비평)이라고 한다. 현재 성경학자들은 이 분야에 대해서 깊이 연구하여 어떤 것이 원문에 가까울까를 결정하는 데 상당히 합리적인 결론을 내린다.

다음과 같은 이유로 마가복음 16:9-20은 본래 마가가 쓴 복음서에 포함된 것이 아니라고 본다. 첫째, 더 신뢰할 수 있는 고대 사본들-예를 들어 시내 산 사본과 바티칸 사본-에는 마가복음 16:9-20이 나오지 않는다. 신뢰성이 떨어지는 후대의 사본들에 이 구절이 포함되어 있다. 둘째, 내용과 문체와 그 신학을 분석해 볼 때 이 구절에 나오는 단어들과 신학은 비(非) 마가적이다. 여기에 나오는 내용과 문체는 다른 복음서들을 혼합적으로 따르고 있는 것 같다. 그래서 대부분의 성경학자들은 마가복음이 빈 무덤 기사로 끝나는 것을 어색하게 여긴 한 편집자가 2세기경 다른 성경 전승과 자신이 알고 있는 전승을 포함시킨 것이라고 생각한다.

물론 마가가 기록한 것이 아니라는 추측이 예수님의 말이 아니라는 것을 의미하지는 않는다. 복음서에 기록되지 않은 예수님의 말씀이 많고 또 그것이 후대에 다른 사람에 의해 얼마든지 기록될 수 있다. 하지만 우리가 성경으로 인정하는 것은 본래 저자가 기록한 부분까지 이다. 나중에 다른 사람에 의해 성경에 포함된 부분은 그것이 사실이라고 하더라도 성경의 내용으로 인정하지 않는다. 그래서 성경적으로 이 구절을 근거로 예수가 방언을 말했다, 하지 않았다고 하는 논증은 할 수 없다.

이 구절은 방언을 부정하는 것인가?

어떤 학자는 마가복음 16:17을 근거로 방언을 부정적으로 평가한다. 신자에게 동반될 표적의 하나로서 방언을 언급한 것은 곧 방언이 현재 사라졌다는 증거라는 것이다. "무슨 독을 마실지라도 해를 받지 아니하며"라는 구절은 문자적으로 사실로 해석할 수 없다는 것이다. 독을 마시면 사람은 반드시 해(害)를 입는다. 하지만 이것은 과학을 하나님 말씀보다 더 신봉하는 인본주의적 사고에서 나온 것이다. 신자에게 동반되는 표적 자체가 모두 자연과학의 법칙을 넘어서는 기적들이다. 초대 교회 사람들은 이 모든 것이 실제 일어난다고 믿었고, 또 실제로 일어났다고 기록하고 있다. 여기에 나오는 표적들은 사도행전에서 신자에게 따르는 표적으로 모두 기록되어 있다. 예수 이름으로 귀신을 쫓아내며(행 8:7; 16:18), 새 방언을 말하며(행 2:3-4; 10:46; 19:7), 뱀을 집어 올리며(cf. 눅 10:19), 무슨 독을 마실지라도 해를 받지 아니하며(행 28:3-6), 병든 사람에게 손을 얹은즉 나으리라(cf. 행 28:8)는 내용 모두가 누가복음과 사도행전에 나온다. 독을 마시는 것은 직접적으로 나오지 않지만 당시 독사에 물리는 것과 독을 마시는 것을 같은 것으로 보았기 때문에 모든 것이 나온다고 볼 수 있다. 그래서 신자에게 따르는 표적으로서 방언이 어떤 상징적인 것이고 실제 일어난 일이 아니라고 보는 것은 인본주의적 사고에 의한 결론이다.

이 구절은 방언을 긍정적으로 말하는 것이다

2세기에 살았던 이레니우스가 마가복음 이 부분(16:9-20)을 알고 있었기 때문에 최소한 이 본문은 2세기 초에 마가복음 본문으로 삽입되었을 것이다. 2세기 초 한 편집자 혹은 공동체의 신앙을 반영한다고 볼 수 있다. 편집자가 마가복음 말미에 이 구절을 포함시킨 것은 부활이 실제 일어났다는 것을 독자들에게 보여 주기 위함이었을 것이다. 그런데 예수의 부활을 증언하면서 편집자는 예수가 신자들이 받을 방언을 언급했음을 증언한다. 예수의 부활에 대한 전승과 사도행전의 방언 사건을 알고 있던 편집자가 이것을 중요하게 생각해서 여기에 삽입했을 것이다. 이때에도 방언이 중요하게 여겨졌다는 것을 이 구절을 통해서 확인할 수 있다. 방언은 단순히 1세기 교회에 단회적인 표적으로 주어진 것이 아니라 2세기에도 교회 안에서 계속되고 있었다는 것이다.

이 본문의 저자는 방언 앞에 "새로운"이라는 형용사를 붙였다. 신자들의 방언이 성령에 의해서 새롭게 주어진 것임을 의미한다. 성격상 신선한 것이라는 뉘앙스도 있다. 혀가 전에 가지 않았던 새로운 길로

가는 것을 의미한다. 귀신을 쫓아내거나 치유 기적을 일으키는 것과 마찬가지의 기적이다. 학습에 의하지 않고 새 언어를 말한다는 것은 기적 중의 기적이다. 마가복음에 이 구절을 포함시킨 편집자는 누가와 바울을 따라 방언을 매우 소중하게 여긴 것이다. 그래서 이 구절을 근거로 방언 무용론을 말하는 것은 어불성설이다. 이 구절은 방언에 대해서 매우 긍정적으로 묘사한 것이다.

누가의 방언과 바울의 방언

누가는 사도행전에서 바울은 고린도전서에서 각각 방언에 대해서 기술한다. 누가가 말한 방언은 실제 외국어라는 뉘앙스가 있고, 바울이 말하는 방언은 실제 언어가 아니라 상징 언어이다. 누가는 성령 충만(혹은 성령 세례)과 연관시켜 방언을 말한다면, 바울은 성령의 은사의 하나로서 방언을 소개한다.

전혀 다른 것인가?

누가가 말하는 방언과 바울이 소개한 방언은 어떤 관계인가? 어떤 사람은 누가가 사도행전에 기록한 방언은 오순절과 관련되어 있는 역사적 사건으로 다시 반복되지 않는 것이라고 말한다. 또 그 성격도 바벨탑 사건에서 언어가 혼잡되었던 것이 이제 회복되어 언어의 소통이 일어난 것이라고 한다. 이에 반해 바울이 말하는 방언은 교회 안에서 신자 간의 공동 유익을 위하여 주어지는 은사로서 개인이 체험할 수 있는 것이라고 한다. 양자는 전혀 다른 성격의 것이라는 것이다. 또 어떤 사람들은 누가가 말하는 방언은 성령으로 세례받을 때 경험하는 것이고, 바울이 말하는 방언은 성령의 은사의 하나로서 각각 별도로 체험하는 것이라고 한다.

누가는 성령 세례라는 틀에서 방언을 말하고, 바울은 성령의 은사라는 틀에서 방언을 말한다면 각자의 틀이 일치하지 않는 것이다. 우선적으로 이것을 인정하고 다음 논의로 나아가야 한다. 하지만 틀이 다르다고 해서 내용과 핵심 성격이 모두 다른 것은 아니다. 바울과 누가는 방언을 표현하는 데 있어서 '방언을 말하다' 라는 어구도 일치하며 성령의 역사에 의해서 일어나는 현상이라는 생각도 일치한다.

어떤 관계인가?

바울의 방언과 누가의 방언은 어떤 점에서 일치하며 상호 어떤 연관성이 있을까? 누가가 사도행전에 나오는 오순절 사건에서 소개한 방언이 실제 언어였든 아니든 간에 방언을 체험한 사람 편에서 보면 자신이 전혀 모르는 언어를 성령의 충만함을 받고 성령의 인도함에 따라 말한 것이다. 바울이 말하는 방언도 이와 크게 다르지 않다(고전 14:2; 롬 8:26-27 참조). 바울에게 있어 방언은 신자가 성령의 인도함을 받아 배우지 않은 어떤 말을 하는 것이다. 전혀 가보지 않은 길로 신자의 혀가 성령의 인도함을 받아 움직이는 현상이라는 데 바울과 누가의 방언은 일치한다.

또 내용적으로도 상당히 유사하다. 바울이 말하는 방언은 그 성격이 기도이고 찬양을 포함한다(고전 14:15). 누가가 묘사하는 방언도 "하나님의 큰일"(행 2:11)을 말하는 것이며 하나님을 찬양하는 것이 같이 나타난다(행 10:46). 신자가 성령의 인도하심을 받아 기도하면서 그 내용적으로 하나님을 찬양하는 것이 포함되어 있는 바울의 방언에 대한 묘사와 방언이 하나님의 위대하심을 찬양하는 것이라는 누가의 묘사는 양자가 묘사하는 방언의 성격이 매우 유사함을 말하고 있다.

두 가지 방언을 별도로 체험해야 하는 것인가?

누가가 소개하는 성령 세례의 표적의 방언과 성령의 은사로서의 방언을 별도로 체험해야 하는 것인가? 이 질문에 대한 필자의 답은 "아니다"이다. 방언은 초대 교회의 중요한 체험으로 누가는 성령 충만 혹은 성령 세례라는 틀로 소개하고 있는데, 누가가 기록한 성령 충만의 결과로는 바울이 성령의 은사로서 언급한 지식의 말씀의 은사(행 5:1-11), 병 고치는 은사(행 3:1-10), 예언 등이 포함되어 있기 때문에 그 표현이 다를 뿐 내용상의 체험은 매우 유사한 것이라고 할 수 있다. 그래서 누가가 볼 때 방언 체험은 성령 세례가 임한 하나의 증거로서의 체험이고, 바울이 볼 때는 개인 기도를 통해 하나님과 영적으로 교통하는 성령의 은사 체험인 것이다. 방언 체험은 결국 하나이고 설명이 두 가지인 것이다.

방언은 다른 초자연적 은사 체험의 통로인가?

이제 흔히 제기되는 문제에 답을 할 차례다. 방언이 성령 세례를 체험한 하나의 증거이고, 성령의 은사의 하나인데 다른 은사를 체험하는 통로가 되는가? 사실 교회 안에서 은사를 체험하는 순서를 보면 대개 방언을 처음으로 체험하고 다른 성령의 은사를 체험하는 경우가 많기 때문에 이런 질문이 나온 것 같다. 성경 자체에서 어떤 확고한 답을 제시하는 문제라기보다는 우리의 체험에서 나온 질문이다.

우선 성경에서 이에 대해서 명시적으로 기술한 것은 없다. 그 전제 하에서 우리는 성경 내용에 따른 추론에 의해서 방언이 다른 은사로 가는 통로가 될 수 있다는 것을 어느 정도 인정할 수 있다. 바울은 방언을 받은 사람들은 방언 통역을 체험하기를 기도하라고 권한다(고전 14:13). 그 역은 말하지 않는다. 물론 성령의 은사가 나타날 때 어떤 순서가 있다는 뉘앙스는 고린도전서 12-14장에 나타나지 않는다. 예배 가운데 나타나는 여러 은사에는 체험에 있어 어떤 것이 우선적이라는 뉘앙스도 없다. 다만 14장에 보면 개인의 영적 성장을 위해서 주어지는 기도로서의 방언의 경우에는 방언 통역의 은사보다 먼저 체험하는 것이 더 보편적이라는 뉘앙스는 있다. 그래서 바울은 방언을 체험한 사람들에게 방언 통역의 은사를 체험하는 것으로 나아가라고 권면하고 있는 것이다.

사도행전에도 방언, 예언, 하나님 찬양, 치유 등 여러 성령의 역사가 나타난다. 그동안 오순절 사건과 전통 교회 간에 논란이 되었던 방언이 성령 세례의 증거인가 하는 문제가 여기서도 제기된다. 필자는 오순절 신학의 입장이 옳다고 보는 사람으로서 방언이 성령 세례의 유일한 증거는 아닐지라도 최소한 하나의 증거이며 사도행전의 성령 세례 구절에서 가장 많이 나타나고 또 가장 중요하게 나타나는 것이라고 본다. 그런 의미에서 사도행전에서 방언 체험은 다른 성령 충만 체험의 단초가 되었다고 할 수 있다.

종합하면 방언이 다른 모든 성령의 은사의 통로라는 주장은 하기 어려울지라도 그렇게 된 경우가 성경과 우리의 체험에서도 많았다는 사실은 부인할 수 없다. 그래서 "방언이 다른 은사를 체험하는 통로이다"라고 말하는 것은 지나친 일반화일 수 있지만 "방언이 다른 성령의 은사를 체험하는 통로일 수 있고 사실상 중요한 통로다"라고 말할 수는 있다.

방언 통역이란 무엇인가?

한국교회에서 방언의 은사를 경험한 사람을 만나는 것은 어렵지 않다. 출석 교인이 백 명이 넘는 교회 가운데 방언하는 사람이 한 사람도 없는 교회는 많지 않을 것이다. 아무리 많은 신학자들이 방언에 대해서 무관심 내지는 적극적 부정의 입장을 취하고 있을지라도 평신도들은 방언의 은사를 계속해서 체험해 왔다. 그런데 방언의 은사와 짝을 이루는 방언의 통역의 은사는 어떠한가? 이 은사는 분명히 바울이 9가지 영적 은사를 열거하면서 언급한 은사 중 하나인데도 불구하고(고전 12:10) 다른 모든 은사 중에서도 가장 무시해왔던 혹은 무지했던 은사다. 바울은 분명히 "그러므로 방언을 말하는 자는 통역하기를 기도할지니"(고전 14:13)라고 권고하고 있지만 우리는 지금 이 권고를 잊어버리고 있는 것은 아닐까?

통역은 알아들을 수 있는 말을 하는 것인가?

방언 통역이란 무엇일까? 바울은 방언에 대해서는 신자가 아무도 알아들을 수 없는 언어로 하나님께 그 영으로 신비한 내용과 방식의 기도를 하는 것을 지칭한다고 분명히 우리에게 가르쳐주고 있다(고전 14:2). 그러나 방언 통역에 대해서는 구체적으로 설명하지 않았다. 당시 바울과 고린도교회 사이에는 이미 방언 통역에 대한 개념을 공유하고 있었고 그것을 굳이 설명할 필요가 없었던 것이다. 하지만 이천 년이 지난 우리에게 방언 통역이란 개념은 설명을 요한다.

우선 방언과 방언 통역은 연관성이 있다. 혹자는 방언은 사람들이 알아들을 수 없는 이상한 언어라면 통역은 이와는 대조적으로 사람들이 인식할 수 있는 언어라고 주장한다. 필로와 요셉푸스 같은 고대 작가들은 '통역'이라는 단어를 이런 뜻으로 사용했다는 것이다. 그렇다면 바울은 고린도교인들에게 방언은 적극적으로 피하라고 가르쳤고, 대신에 통역을 권장한 것이 된다. 하지만 고린도전서 14장을 한 번 쭉 읽어보기만 해도 말도 안 되는 주장임을 알 수 있다. 바울은 자신이 다른 어떤 사람에 비해서 방언을 많이 하고 있다는 것을 자랑스럽게 생각한다고 스스로 말했고(고전 14:18) 예배 가운데 있어야 할 요소로서 방언을 언급하고 있음(고전 14:26)은 이 주장이 맞지 않는다는 것을 단적으로 보여 준다.

이 주장의 연장선상에서 정용섭이라는 한국의 한 신학자도 최근에 뉴스엔조이 인터넷 판 신문에서 방언 통역을 영적인 현상이 아니라 하나님의 말씀을 오늘의 상황에 맞게 잘 풀어주는 것이라고 해석한다. 그는 성경을 왜곡 해석하여 비(非) 복음적인 주장을 하는 것을 방언이라 하고, 그 방언을 바로 잡는 것을 방언 통역이라 한다. 꽤 매혹적인 주장이지만 방언과 방언 통역의 관계를 잘 설명해 주지 못한다. 이 주장이 맞다면 바울은 방언은 폐하고 통역만 하라고 해야 했고, 또 방언 없이도 통역이 얼마든지 존재할 수 있어야 한다. 하지만 고린도전서

12-14장에서 방언 통역은 반드시 방언을 전제한다.

방언 통역은 방언을 모국어로 알아듣는 것인가?

방언이 영적인 은사이듯이 방언 통역도 영적인 은사이다. 자연적 재능이나 지적인 연설로 해석하는 것은 전형적인 해석적 오류다. 방언과 마찬가지로 방언 통역은 성령의 초자연적인 현시로서의 은사다(고전 12:7). 방언이 어떤 언어를 배워 그 뜻을 알아서 말하는 것이 아니듯이 방언 통역도 자연적으로 들려서 말하는 것이 아니라 방언을 할 때 순간적으로 초자연적인 방식으로 그 뜻(혹은 그 뜻의 일부)을 성령의 나타남으로 말하는 것이다.

어떤 이는 방언 통역은 방언이 자기 모국어로 귀에 들린다고 주장하는 사람들이 있다. 물론 그 가능성을 100% 부정할 수는 없다. 하지만 방언 통역이 고린도전서 12장에 언급된 다른 성령의 은사와 성격이 같은 것을 볼 때 이 은사는 귀에 들리는 은사라기보다는 순간적으로 방언의 뜻을 마음으로 알아듣고 모국어로 말하는 것이다. 지식의 말씀의 은사와 비슷한 것으로 전혀 알지 못하는 내용을 성령의 나타남으로 갑자기 알게 되어 말하는 것이다.

방언 통역은 방언의 내용을 통역하는 것이다

방언 통역은 방언과 밀접하게 관계되어 있다. 한마디로 말해 방언 통역은 방언의 내용을 모국어로 옮기는 것이다. 바울은 방언을 두 세 사람이 하고 그 다음에 한 사람이 그 방언에 대한 통역을 하라고 말한다. 반면에 예언은 통역할 필요가 없다. 방언과 같이 두 세 사람이 말하고, 그 다음에는 그 내용이 성령으로부터 온 것인지 아닌지를 분별하면 된다(고전 14:29). 예언과 방언 통역은 비슷한 목적과 방법을 가지고 있다는 것을 알 수 있다. 각각 교회 구성원의 신앙 성숙을 위한 것이다. 예언은 하나님의 언어로 하나님의 말씀을 신자들에게 들려줌으로 회개 혹은 위로하는 것이라면(고전 14:3; 24-25), 방언 통역도 결과적으로 기도의 내용이 통역되어 방언으로 기도하는 사람의 회개 혹은 위로를 촉구하게 되는 것이다.

　그렇다면 우리는 어떻게 방언 통역을 체험할 수 있는가? 바울의 조언대로 방언으로 기도하는 사람은 통역하기를 기도하면 된다. 통역은 귀로 들리는 것이 아니라 마음으로 들리는 말을 담대하게 말하는 것이다. 물론 마음으로 들리는 말이 자신의 보통 때의 생각과 어떻게 다른가 하는 문제가 남는다. 예언, 계시, 지식의 말씀, 지혜의 말씀의 은사에 모두 걸려 있는 문제다. 성령 충만한 상태에서 우리는 자신의 지식이 아닌 초자연적인 소리를 분명히 들을 수 있다. 다만 예언의 은사의 진위를 분별해야 하듯이 방언 통역의 은사도 분별해야 한다. 분별이 무서워서 하나님이 들려주시는 음성을 거부하기보다는 적극적으로 사용하면 보다 분명히 자신의 음성과 성령의 음성을 구별하게 될 것이다. 필자는 우리 한국교회에 방언의 은사가 널리 나타나듯이 방언 통역의 은사가 널리 나타나기를 소망하고 기도한다.

방언은 신앙생활에 어떤 유익이 있는가?

　우리는 간혹 방언 기도의 은사를 체험했지만 현재에는 계속 사용하지 않는 사람들을 만난다. 이들 중에는 "뜻도 모르는 말을 주문처럼 뇌까리는 것이 신앙생활에 무슨 유익이 있습니까? 차라리 그 시간에 모국어로 기도하든지 성경을 보는 것이 더 낫지 않겠습니까?"라고 말하는 사람도 있다. 이 사람은 자신의 느낌보다도 성경에서 어떻게 기술하고 있는지를 그대로 들을 필요가 있다.

신앙의 집을 세운다

바울은 고린도전서 14:4에서 방언의 유익에 대해 말한다. "방언을 말하는 자는 자기의 덕을 세우고." 여기서 "덕을 세우다"라는 말로 의역된 헬라어 '오이코도메오'라는 동사는 본래 건축 용어이다. 집이라는 뜻의 '오이코스'에서 근원한 동사인데, '집을 세운다'라는 뜻을 가지고 있다. 바울은 건축가로서 교회를 건물의 이미지로 표현한다. 성령이 거하면 모든 신자는 각각이 하나님의 성전인데(3:16) 방언은 그 건물로서의 성전을 세운다는 것이다. 방언을 하면 영적인 성전이 잘 세워진다고 한다. 즉 방언은 어떤 사람의 영적 성장에 직접적으로 공헌한다.

구체적으로 방언 기도가 어떻게 영적 성장을 가져다주는가? 이것에 대해서는 바울이 직접적으로 설명하지는 않았다. 하지만 바울이 말한 방언의 정의를 통해서 그 내용을 추정해 볼 수 있다. 바울에게 있어 방언은 신자가 성령의 직접적인 도움을 받아 하나님께 자기가 한 번도 사용해 보지 않은 언어로 하는 신비적인 기도이다(고전 14:2). 우리는 기도가 어떤 신자의 영성 훈련에 있어서 필수적임을 인정할 것이다. 하물며 성령의 직접적인 인도로 하는 기도는 더욱더 그럴 것이다. 로마서 8:26의 연관된 본문을 보면 신자는 마땅히 기도할 내용을 잘 모르고 있다. 사람은 자기의 욕심에 따라, 자기의 생각에 따라, 자기의 감정에 따라 기도하기 쉽다. 성령의 직접적인 도움이 필요한 것이다. 성령은 신자가 마땅히 기도할 바를 알지 못하나, 오직 말로 표현할 수 없는 방언으로 신자의 기도를 대신해 주신다(롬 8:26). 신앙 성장에 어찌 도움이 되지 않겠는가?

하나님의 임재를 경험한다

방언 체험은 흔히 하나님 임재 체험을 동반한다. 사실 방언 체험 자체가 곧 하나님 임재의 체험은 아니다. 방언은 기본적으로 혀의 체험이다. 자신의 혀를 자신의 뇌가 통제하지 않고 성령이 직접 통제하는 체험이다. 성령이 직접 통제하는 가운데 많은 신자들은, 특히 방언을 처음 체험할 때는 하나님 임재의 체험을 동시에 한다. 하나님 임재의 체험을 직접적으로 한 번도 하지 않은 신자들의 경우에 이 방언 체험은 매우 놀라운 체험일 수 있다. 그래서 오성춘은 방언 체험을 "삶의 방향을 재조정하는 체험"이요, "삼위일체 하나님과의 인격적인 만남을 경험케 하는" 체험이라고 한다(오성춘, 『성령과 목회』, 280-282).

데니스 베네트(Dennis J. Benett)는 『성령 세례와 방언』이라는 책에서 방언이 하나님 임재의 체험임을 다음과 같이 증언한다(50).

그러나 방언을 계속하는 동안 또 다른 사실이 나타났습니다. 나의 마음은 점차 기쁨과 행복으로 충만해지기 시작하였습니다. 어린 시절에 나는 진정한 삶의 의미로서 하나님의 임재를 체험했으나 그 후 방황과 좌절로 오랜 기간 방황했습니다. 이런 나를 또 주님께서 나를 감싸 주신 것입니다. 나는 지금처럼 하나님의 임재를 깊이 느껴본 적이 없습니다.

어린 시절의 주님의 임재가 컴컴한 가운데 섬광이 한 번 비친 것과 같다면 지금의 이 체험은 마치 어둠 속에서 누가 아주 밝은 등불을 갑자기 켠 것과 같습니다. 하나님의 실제는 내가 지금까지 몸으로 느껴 본 바로 그 모습이었습니다. 그러나 두렵지 아니하였고 오히려 감사와 평안이 자리 잡았습니다.

초자연 은사에 대해 마음의 문이 열린다

바울이 제시한 성령의 은사에는 서열도 없고, 체험의 순서도 없다. 즉 근본적으로 어떤 은사도 다른 은사 체험을 통해야만 경험할 수 있는 것은 아니다. 사실 성령의 은사는 교회에게 이미 주어진 것으로, 성령의 역사를 따라 어떤 구체적인 시점에 나타나는 것이다(고전 12:7). 성령의 은사는 어떤 사람에게 영구 소유로 주어진 것이 아니라 교회 시대에 한하여 교회에게 주어진 것으로, 성령의 주권에 따라 나타난다(고전 12:11).

그렇다면 방언의 은사가 다른 초자연적 은사를 체험하는 통로가 될 수 있다는 말은 무슨 의미일까? 이 말은 성경의 어떤 구절에 구체적으로 근거한다기보다는 우리 체험 속에서 많이 나타나는 현상이다. 바울이 방언을 체험한 자들에게 통역의 은사 체험을 위해 기도하라고 말한 것으로 보아(고전 14:13), 바울 당시에도 고린도교회에 방언 통역보다도 방언의 은사를 체험한 사람이 더 많았던 것 같다. 지금도 대부분의 성령의 은사 체험자들에게 방언은 첫 성령의 은사 체험인 경우가 많다. 정확한 이유는 알 수 없지만 방언은 성령의 은사 중에서 유일하게 공적으로도 또 개인적으로도 사용할 수 있는 것이기 때문에, 공적으로 나타나는 은사에 비해서 많은 사람들이 경험하는 것 같다. 특히 바울이 예외적으로 방언의 은사만큼은 모든 신자가 경험하기를 원하는 것으로 보아(고전 14:5) 다른 은사보다 많이 나타나는 것은 예견되는 일이기도 하다.

방언이 다른 은사를 체험하는 통로가 될 수 있는 것은 방언 자체에 무슨 신비한 특징이 있어서가 아니다. 방언이 대부분의 신자들에게 있어 초자연적인 은사의 첫 경험이기 때문에 이 은사를 체험한 사람은 다른 초자연적 은사에 대해 자연스럽게 더 열린 마음을 갖게 된다. 그래서 김우현 감독이 쓴 『하늘의 언어』에서 온누리교회 손기철 장로님이 한 말은 성경적 근거가 있다고 할 수 있다. "방언은 모든 (성령의) 은사의 기본입니다. 그것은 영이신 하나님의 나라로 들어가는 일종의 통로이지요"(『하늘의 언어』, 108).

방언은 소수의 신자들만 체험할 수 있는 것인가?

방언 운동이 처음 시작된 것은 1900년 초 미국 흑인 교회에서였지만 1960년대에 이르러서는 전통적인 백인 교회에서도 광범위하게 체험되었다. 우리나라에서도 순복음교회에서 시작된 방언 운동은 이제 전 교단으로 확산되었다. 처음에는 민초 계층의 사람들이 주로 체험했다면 이제는 많은 사회적 명사들도 자신들의 방언 체험을 간증하고 있다.

과거 방언에 대한 반대자들은 주로 초자연적인 영적 현상을 반대하던 자유주의 신학자들과 이른바 말씀 중심 신앙을 가진 일부 복음주의자들이었다. 그런데 이제 방언은 신학과 교파를 초월하여 나타남으로 어느 신학적 전통에서도 더 이상 낯선 것이 아니다. 아직도 방언을 적극적으로 반대하는 신학자들이 있기는 하지만 교회에서는 방언에 대한 태도는 이전보다 훨씬 더 긍정적으로 변했다. 방언에 대해 바울과 누가가 긍정적으로 말했고, 방언이 우리에게 유익한 것이라면 우리는 어떻게 방언을 체험할 수 있을까?

모든 신자가 방언을 체험할 수 있는가?

방언을 체험하는 구체적인 방법을 말하기 전에, 모든 신자가 방언을 체험할 수 있는가에 대하여 생각해 보자. 고린도전서 12:30에서 바울은 "다 방언을 말하는 자이겠느냐?"는 수사학적 질문을 한다. 물론 답은 "아니다"이다. 많은 사람들이 이 구절을 근거로 모든 신자가 방언을 체험할 수 있는 것은 아니라고 한다. 그런데 이 말을 한 바울이 이어지는 논쟁에서 "나는 너희가 다 방언 말하기를 원하나"(고전 14:5)라고 말했다. 바울은 모든 신자가 다 방언으로 기도하기를 소망하고 있는 것이다. 문자로만 보면 이 두 말은 모순이다. 하지만 바울이 한 주제로 이어지는 글에서 완전히 모순되는 말을 했다고 보기는 어렵다. 이 문제를 해결하기 위해서는 매우 상세한 주석적 작업이 필요하다. 필자는 이 문제에 대해 이미 논문을 쓴 일이 있다(참고. 『신약논단』13[2006년 봄], 169-193). 그 핵심을 간단히 말하면 전자는 교회에서 공적으로 사용되는 방언이고, 후자는 개인 기도로서 사용되는 방언이다. 공적으로 예배 가운데 하는 방언은 누구나 하는 것이 아니다. 어떤 사람은 방언을 다른 사람은 예언을 혹 다른 사람은 지식의 말씀을 한다. 하지만 개인 기도로서의 방언은 누구에게나 열려 있는 은사이다. 하나님과 영으로 교통하는 은사로서(고전 14:2) 특별한 사람에게만 주어질 필요가 없다. 방언기도의 은사는 신자이면 누구나 받을 수 있다.

방언은 연습함으로 받을 수 있는 것인가?

방언의 은사를 체험하는 방법은 무엇일까? "할렐루야"를 계속 발음하다 보면 방언이 된다고 가르친다는 이야기도 들려온다. 물론 이 방언은 성경이 말하는 방언이 아니다. 방언은 성령이 우리의 혀를 직접 통제하여 기도하는 은사이다. 그런데 성령이 통제할 때 개인마다 느낌의 차이가 있다. 어떤 사람은 하나님의 임재의 첫 경험을 하면서 놀라운 황홀경에 빠져서 이때의 방언은 회개와 감사와 감격과 함께 온다. 어떤 이에게는 별다른 느낌 없이 혀만 스스로 통제가 안 되는 느낌으로 오기 때문에 이를 이상하게 여겨 방언을 그치는 사람들도 있다. 하지만 성령이 혀를 주장한다고 믿고 그대로 맡기면 우리가 알지 못했던 경험의 세계로 자연스럽게 인도된다.

방언 체험은 방언에 대한 태도와 어떤 관계가 있는가?

방언을 체험하는 방법은 여타 성령의 은사를 체험하는 방법과 크게 다르지 않다. 첫째, 모든 은사는 하나님의 주권하에 주어지는 것으로 성령의 뜻에 따라 각 사람에게 나타난다. "이 모든 일을 같은 한 성령이 행하사 그의 뜻대로 각 사람에게 나누어 주시는 것이니라." 그래서 방언의 은사도 은사 체험자의 태도나 의지와 상관없이 강권적으로 임하기도 한다.

　하지만 대부분의 은사는 은사 체험자의 태도와 밀접하게 연관되어 있다. 바울은 은사를 체험하려는 자들에게 은사를 사모하라고 가르친다. "너희는 더욱 큰 은사를 사하라!" (고전 12:31) "신령한 것들을 사모하되" (고전 14:1). 여기서 "사모하라"는 동사는 영어로 질투(jealousy)라는 말의 어원이다. 질투하듯이 열정적으로 열망하라는 뜻이다. 방언의 은사를 비롯하여 모든 은사는 어떤 사람의 영적 성숙도에 따라 경험되는 것이 아니라 오히려 하나님의 주권과 신자의 열정에 의해서 체험된다. 방언을 체험하기를 원하는 사람들은 열정적으로 방언을 사모하면 된다.

　열정적으로 방언을 사모하려면 먼저 방언을 마음으로부터 인정해야 한다. 성령이 지금도 방언을 주시며 그 은사를 활용하면 신앙이 성장할 수 있다는 긍정적인 태도를 가지면 방언 체험에 도움이 된다. 가끔은 자신의 태도와 무관하게 방언을 체험하기도 하지만 대부분은 방언에 대해서 긍정적으로 생각하는 사람이 방언을 체험한다. 이론적이고 마음에서 일어나는 하나님의 역사만 중요시 여기고 몸에 일어나는 역사에 대해서 소홀히 여기는 사람은 방언의 은사 체험에 동참하기 어렵다.

　매우 실제적으로는 방언의 은사를 설교하고 이를 위해서 기도하는 집회에 참가하여 방언하는 사람과 같이 기도하면 방언의 은사를 체험하기 쉽다. 혼자 기도하다가 방언을 체험하는 경우도 많지만 사도행전의 오순절 사건과 이후 사건 모두에서 방언의 은사는 성령의 은사를 갈구하는 가운데 신자들이 같이 모여서 기도할 때 많이 경험되었다. 방언에 대해서 보다 열린 생각을 가진 교회 지도자 밑에서 보다 많은 사람이 방언을 체험하게 된다.

　방법은 다양할 수 있지만 정말로 방언 받기를 간절히 사모하면 여러 가지 방법으로 체험할 수 있다. 방언에 대해서 아직도 거부감이 있고, 방언을 하는 사람들을 신뢰할 수 없는 지성인 신앙인들의 경우에는 고린도전서 12-14장을 있는 그대로 읽고 믿으면서 기도하기를 권한다. 또 방언에 대해서 긍정적으로 생각하지만 이런 분위기에 익숙하지 않은 신자가 있다면 겸손한 마음으로 방언을 하는 집회에 참가하여 방언하는 사람들과 같이 기도하기를 바란다. 이외 여러 방법들이 있을 것이다. 하지만 사모하는 심령에 방언이 체험되는 원리는 변하지 않는다.

　방언을 하다가 어느 순간 그친 사람들이 있는데 어떻게 다시 회복할 수 있을까? 이 경우는 회복하기 매우 쉽다. 어떤 사람은 중고등학교 시절 교회 수련회에서 방언을 체험했는데 대학교 선교 단체에서 방언을 부정적인 것으로 배운 후 방언이 그친 경우도 있고, 어떤 사람은 방언을 했지만 그 의미와 뜻과 중요성을 몰라 자연스럽게 방언으로 기도를 하지 않았고, 또 어떤 사람은 두려운 마음에 방언을 하지 않게 되었다. 다른 어떠한 경우라도 방언에 대해서 긍정적으로 생각하고 기도하면 다시 회복된다. 나는 아직까지 방언을 과거에 경험했다가 다시 사모하게 될 때 회복하지 못하는 사람을 한 사람도 본 적이 없다. 방언을 체험하는 것은 우리가 방언에 대해서 어떤 태도를 취하고 있느냐에 깊이 관련되어 있다.

제 3 장

방언, 그것을 체험하고 싶다

tongue

방언 받고 싶어요

"목사님, 방언 체험을 하고 싶어요." "방언을 체험하려고 10년째 기도하고 있는데 왜 나에게는 방언이 터지지 않나요?" "내가 ○○집사보다 더 신앙생활을 열심히 하는데 왜 그는 방언을 받았는데 나는 왜 안 되죠?" 내가 이 책을 쓰게 된 계기는 이 외침들에 대한 해결책을 주려는 마음에서이다.

캠브리지에서 일어난 일

연초에 영국에 갔을 때 일어난 일이다. 나는 우리 아이들과 함께 오랜만에 내가 유학 시절 살았던 캠브리지를 방문했다. 아이들은 옛 기억을 더듬어 여기가 우리가 살던 집이요, 저기는 다니던 학교요, 또 이곳은 우리가 걸어 다녔던 길이라고 하면서 마냥 좋아했다. 아마도 우리 아이들에게는 영국 방문이 내가 고향에 갔을 때와 같은 느낌이었으리라! 우리가 캠브리지를 떠난 지 9년이나 되었으니 "산천은 의구한데 인걸은 간데없다"는 말이 나올 만도 한데 반갑게도 같은 교회에 다녔던 한 목사님 가정이 아이들 교육 때문에 그곳에 남아계셨다. 사모님은 우리를 저녁 식사에 초대해 주셨고 우리는 옛 우정을 생각하며 즐거운 담소를 나눴다.

그런데 사모님이 우리를 초청한 것은 단순히 식사를 같이 하자는 것만은 아니었다. 거기에 또 한 분이 초대되셨는데 이분은 사모님의 오랜 기도 동지로 매주마다, 아니 거의 매일 모여 기도하고 성경을 같이 읽는 분이었다. 그런데 기도를 하면 할수록 이성으로 기도하는 것 이상의 기도를 하고 싶은 열망이 생겼고, 마침 김우현 감독이 쓴 『하늘의 언어』라는 책을 읽고 난 후 방언 체험하기를 더욱 더 사모하게 되었다고 한다. 김우현 감독이 인도하는 집회가 있으면 한국에까지 가서라도 참석하고 싶었지만 김 감독의 근황을 알아보니 아쉽게도 현재 캐나다에 머물고 있더라는 것이다.

그러던 차에 내가 캠브리지에 온다는 연락을 받았고, 내가 캠브리지에서 공부할 때 한인 교회에서 청년부 전도사로 봉사하면서 여전도회 성경공부를 몇 달간 인도한 적이 있었는데 그때 성경공부 중에 몇 사람이 방언을 체험했었다는 사실이 기억났다고 했다. 김우현 감독의 대타로서 내가 인도하는 기도회라도 참석하면 방언을 체험할 수 있다는 희망을 가지고 그 사모님은 우리 가족을 저녁 식사에 초대했던 것이다.

나는 적지 않게 부담이 되었지만 모든 것을 하나님께 맡기고 평상시 방언에 대해서 설교하던 내용들을 자세히 설명해 주었고 이분들은 그것을 아멘으로 마음속으로 받아들이고 있었다. 사역 경험으로 볼 때 이분들이 그날 방언을 체험할 것을 확신했다. 방언에 대한 성경공부를 마치고 우리는 곧바로 기도회를 가졌다. 예상했던 대로 기도를 시작하자마자 한 사모님에게 방언이 즉시로 터졌다. 나는 한 분만 체험하고 다른 분이 방언을 체험하지 못하면 앞으로 두 분의 관계가 어떻게 될까 걱정이 되었다. 아직 방언이 터지지 않은 사모님께 안수를 했고 또 즉시로 그 입에서 방언이 터져 나왔다. 할렐루야!

신학자도 방언을 하나요?

방언에 대한 설교를 한 후 나는 가끔 신학생들이나 신자들에게서 이런 질문을 받는다. "신학자도 방언을 하나요? 방언은 부흥사가 하는 것 아닌가요?" 그렇다. 신학자는 이성적이요, 합리적이요, 학문적인 것을 추구하는 직업을 가진 사람인데 감성적이요, 영적이요, 체험적인 신앙의 대명사격인 방언을 신학자가 한다는 것은 잘 어울리지 않아 보인다. 나는 성경학자이지만 방언으로 기도할 뿐만 아니라 방언 대한 학술 논문도 쓰고, 방언에 대해서 자주 설교하고, 또 다른 사람들이 방언을 체험하도록 격려하기도 한다.

무엇이 신학자가 방언을 한다는 것이 잘 어울리지 않는다고 생각되게 만든 것인가? 성경의 내용인가? 성경에서 지성인은 말씀 중심의 신앙을, 민초는 감정 중심의 신앙을, 보통 사람은 양자를 적절히 섞어서 자기에게 어울리는 신앙을 갖도록 격려했는가? 오히려 성경은 초자연적인 영적인 체험은 어떤 사람의 지성이나 감성의 민감도에 따른 것이 아니라고 말한다. 신약 성경 저자 중 최고의 지성인은 바울과 누가이다. 그런데 신약 성경에서 성령 체험을 가장 강조하고 있고, 실제로 체험한 이들이 바로 바울과 누가였다. 이들은 당시 헬라식 수사 교육을 받은 사람이었고 또 논리 전개에 있어 수사학을 사용하는 등 당시의 전형적인 지성인의 범주에 속하는 사람들이었지만 성령 체험에 민감했던 사람들이었다.

    최고의 지성인 신자였던 바울은 스스로 다른 어떤 신자보다도 방언을 많이 하고 있다고 증언하며, 누가도 방언에 대해서 여러 번 기록한 것으로 보아 방언을 체험했을 것으로 보인다. 그런데 왜 우리는 지성인 신앙인이 방언을 체험하는 것을 이상하게 생각할까? 성경의 진리보다도 지성인은 점잖게 종교생활을 해야 한다는 이 세상의 풍습에 영향을 받은 탓이다. 또 신앙 체험은 마음으로 하는 것이지, 몸의 체험과 연관되어 있는 것은 저급한 체험이라는 철학 사상에서 영향을 받은 것이다.

이렇게 하면 방언 못 받는다

    방언 못 받는 비결이 있을까? 분명히 있다. 필자는 성경을 연구하면서 또 그동안 사역을 하면서 방언을 못 받는 비결을 터득했다.

거듭나지 않으면

    거듭나지 않으면 방언을 체험할 수 없다. 이것은 만고불변의 성경적 진리다. 은사는 신자에게 주어지기 때문에 신자가 아닌 사람이 성령의 은사를 체험할 수 없다. 어떤 사람이 거듭나면서 거의 동시에 방언을 체험할 수도 있는데 시간상으로는 거의 일치할지라도 논리상으로는 분명히 거듭남이 있은 후 은사를 체험할 수 있다. 신자가 아닌 사람이 신자들의 방언을 보고 흥미롭게 여겨 자신도 체험하려고 하는 것은 기독교 신앙을 우롱하는 태도이다.

신령한 것에 대한 무지, 무관심하면

또한 성령의 은사에 대해서 무지하거나 혹은 무관심한 것이다. 성령의 은사는 하나님의 주권(고전 12:11)과 신자의 사모함(고전 14:1)으로 주어지는데 때로는 하나님의 주권이 강하여 신자 자신이 방언의 중요성도 모르거나 방언의 존재도 모르고도 체험하기도 한다. 기도하다가 갑자기 혀가 돌아가서 다른 신자에게 물어보니 방언이더라는 경우도 없지는 않다. 하지만 대부분의 경우에는 신앙 생활하면서 신령한 것에 대해서 올바로 이해하고, 수용하고, 열정적으로 사모할 때 방언을 체험하게 된다.

일반적으로 말해 성령의 은사는 하나님의 주권이 신자의 사모함을 통해서 나타날 때 체험하게 된다. 그런데 어떤 사람들은 은사는 하나님의 주권의 영역이기 때문에 신자가 그 영역을 침범하여 구하는 것은 하나님께 불경한 행위가 된다고 본다. 방언의 은사가 하나님의 주권에 의해서만 주어진다는 것을 일예로 장로교의 창시자 칼빈(John Calvin)이나 대학생 선교회의 창립자 빌 브라이트(Bill Bright)같은 유명한 신앙인들도 방언을 받지 못한 것을 든다. 하지만 우리가 구원을 받음은 하나님의 은혜와 신자의 믿음에 의해서라는 것이 상호모순되지 않듯이(엡 2:8), 방언 체험이 하나님의 주권과 신자의 사모함으로 된다는 것도 마찬가지다. 주권은 하나님께 맡기고 신자는 사모하면 된다.

방언 은사의 필요성을 못 느끼면

또 어떤 사람은 이성으로만 기도하는데도 참 만족감을 느끼고 행복하기 때문에 그 이상의 어떤 갈망과 갈구가 없는 경우도 있다. 이성으로 기도하면서도 하나님과의 깊은 교제 가운데 쉽게 들어가고 기도의 응답을 받고 마음속에 행복이 넘쳐나는 것이다. 바울은 방언 기도를 인정하면서도 이성으로 기도하는 것이 무가치하다고 말하지 않았다. 바울은 이성으로도 기도하고 방언으로도 기도하겠다고 말한다(고전 14:15). 이성으로만 기도하는 사람들은 바울의 말에 귀를 기울일 필요가 있다. 아무리 이성으로 깊이 기도해도 성령의 직접적인 역사로 기도하는 방언 기도가 의미 있다는 것을 깨달아야 한다.

몸을 맡기지 않으면

방언을 받지 못하는 사람들 중에는 마음으로만 기도하고 입을 벌려 적극적으로 기도하지 않는 경우가 많다. 특히 몸을 적극적으로 움직이지 않고, 고개를 푹 숙이고 방언의 은사가 입에 떨어질 때까지 거의 묵도 수준으로 기도하는 경우에 방언이 터지는 경우는 드물다. 우리는 몸과 마음이 상호 밀접하게 연관되어 있다. 마음이 슬프면 몸도 아프고, 때로 몸을 즐겁게 하면 마음이 즐거워지기도 한다. 몸을 어떻게 움직이느냐를 보고 그 사람의 마음이 어디로 움직이는지 짐작해 볼 수 있다. 만약 우리 입에 사과를 달라고 하나님께 기도할 때는 배나무가 아니라 사과나무 밑에 가서 입을 벌리고 기도해야 할 것이다. 방언이 성령이 입술을 직접 주장하는 은사라면 최소한 우리의 입술을 열어 성령께서 사용하시도록 드려야 할 것이다.

방언에 대한 부정적인 시각의 신학을 따르면

나이가 어릴수록, 성별로는 여성이, 직분으로는 평신도가, 신앙의 정도로는 초신자가 더 쉽게 방언을 체험하는 것을 볼 수 있다. 방언에 대해서 어떤 선입견이 없는 사람일수록 성경 말씀을 문자적으로 믿고 신뢰하고 그대로 하면 방언이 터지는 것이다. 그런데 방언을 부정하는 신학의 영향을 받은 신학자나 목회자에게 깊은 영향을 받은 신자들은 방언을 체험하기가 더 어렵다. 성경을 깊이 읽고 연구하는 가운데 방언에 대한 태도를 바꾸어야 한다. 아마도 방언에 대해서 부정적으로 평가하는 것은 일부 신학자들과 그들의 영향을 받은 목회자들일뿐 상식적으로 방언에 대한 성경 구절을 읽을 때 부정적인 느낌은 그리 많지 않을 것이다. 우선 성경에 있는 방언을 체험한 다음, 방언을 평가해도 늦지 않을 것이다.

방언 체험 클리닉

고린도전서 14:5에서 바울의 "나는 너희가 다 방언 말하기를 원한다"라는 말을 통해서 하나님의 뜻은 모든 신자가 방언을 체험하길 원하심을 알 수 있다. 그런데 왜 방언을 원하는데도 실제로 방언을 하지 못하는 사람이 있을까?

방언은 신앙이 성숙해야 받는 것이 아니다

앞에서도 여러 번 강조했지만 방언은 신앙이 어느 정도 성숙해야 경험할 수 있는 것이 아니다. 은사는 선물로 주어지는 것이기 때문에 그 이전에 그 사람이 어떤 공적을 쌓았는가 하는 문제와는 무관하다. 심지어는 방언의 은사를 받을 때 완전히 하나님께 헌신의 결단을 해야 되는 것도 아니다. 그러므로 방언을 받기 위해 어떤 영성 훈련을 할 필요는 없다. 오히려 방언을 받으면 기도의 영성 훈련이 된다. 실제로 신앙이 덜 성숙한 사람, 마음에 상처가 있는 사람, 심지어는 정직하지 않은 사람 등 우리 생각에는 성령을 못 받을 것 같은 사람들이 방언을 체험하는 것을 본다. 방언을 받을 수 있는 최소한의 조건은 예수를 믿는 것이지 예수를 잘 믿는 것이 아니다. 예수를 잘 믿으면 방언을 체험하는 것이 아니라, 방언을 체험하면 예수를 잘 믿는 데 도움이 되는 것이다.

방언은 때로 불가항력적으로 임한다

어떤 사람은 방언을 오랫동안 사모해도 경험하지 못하는데 또 다른 사람은 방언의 존재 자체도 알지 못했는데도 경험하는 경우가 있다. 방언은 성령이 충만할 때, 성령이 주도권을 쥐고 신자의 혀를 사용하는 것이기 때문에 얼마든지 있을 수 있다. 실제로 우리 대학교 박사 과정에 있는 한 목사님은 신앙고백도 없이 교회를 방문해서 부흥회에 참석했다가 그만 방언이 터졌다. 게다가 그때 그분은 술을 먹고 교회에 간 상태였다. 부흥회 강사의 말씀에 그 자리에서 신앙고백과 함께 자신도 알지 못하던 방언이 터져 나온 것이다. 평신도 치유 사역자인 손기철 장로는 유학시절 새벽기도회 때 목사님이 안수기도를 하자 자신이 구하지도 않은 방언이 터져 나왔다고 한다. 이와 비슷한 예는 무수히 많다.

불가항력적으로 임하는 경우에는 방언에 대해서 아무 편견이 없는 초신자들에게 나타나는 경우가 많다. 이미 나름대로의 방언관이 생기고 방언에 대한 부정적인 생각이 마음속에 들어차면 하나님의 역사가 제한받기 쉽다. 그동안 내 사역 경험상 방언을 가장 쉽게 경험하는 사람들은 어린 아이들, 신앙 연조가 얼마 안 된 사람들이었다.

방언은 방언에 대한 가르침을 받고 "아멘" 할 때 임한다

방언을 경험하는 가장 많은 경우는 방언에 대해서 무지 혹은 무관심 혹은 오해하다가 올바른 말씀의 가르침을 받고 그 말씀이 마음속에 진정으로 받아들여지고 방언을 사모할 때이다. 전도사 시절 "신령한 것을 사모하라!"(고전 14:1)는 주제로 청년회 부흥성회를 한 적이 있었다. 당시 이재정이라는 청년은 은혜를 체험하리라고 결심하고 주제 성구가 있는 고린도전서 12-14장을 열 번 읽으니 방언에 대해서 알게 되고 방언을 체험하고 싶은 열망이 일어났다. 그러자 부흥 강사가 방언에 대해서 설교할 때 곧바로 방언이 터졌다.

지성적인 신앙인에게는 이 방법을 권하고 싶다. 방언에 대해 신학자들, 목사님들 사이에 이견이 있다. 어느 것을 따라야 할지 평신도로서는 분별이 서지 않는다. 이때 성경 말씀 자체를 신뢰하고 방언에 대해서 기록된 고린도전서 12-14장을 계속 읽어라. 말씀이 마음속에 가득

찰 때 입을 벌리면 바로 방언이 터지게 되어 있다.

성균관대학교에는 겟세마네라고 하는 유명한 기독학생회 동아리가 있다. 대학에서 자생적으로 생긴 것으로 외부에서 들어온 어떤 기독학생회 동아리보다 크고 생동적인 동아리였다. 내가 이 모임의 수련회 강사로 가서 방언에 대해서 설교한 적이 있는데 많은 학생들이 방언을 체험했다. 사실 이 동아리는 기도를 중심 모토로 하는 동아리로서 창립 초기에는 방언을 비롯한 은사가 풍성히 나타나는 동아리였는데 은사 운동을 하다가 어떤 문제점이 발견되어 그 후에는 주로 기도는 열심히 했지만 은사는 약간 경원시하는 입장을 취했다고 한다. 그래서 개인적으로는 방언으로 기도하는 사람이 있었지만 전체적으로는 방언으로 기도하는 사람이 거의 없었는데 내가 다시 방언에 대해서 성경적으로 설명하자 많은 학생들이 그 말씀을 아멘으로 받아들였고 방언을 체험했다. 나는 이 집회를 통해서 방언에 대한 올바른 말씀의 가르침을 받을 때 방언이 임한다는 것을 다시 한 번 깨달았다.

방언은 사모함을 갖고 기도할 때 임한다

나는 부흥회를 인도하면 전 교인이 방언을 체험하는 것을 꿈꾸고 기도한다. 실제로 중학생 이상 전 교인이 방언을 체험한 경우도 있었다. 그런데 어떻게 사람들이 방언을 체험하게 되는지를 그동안 관찰한 결과를 보면 흥미롭다. 중고등부 수련회의 경우에는 첫 날 한 두 사람 정도만 방언을 경험한다. 다음 날 그 학생이 간증하면 방언을 체험하는 학생이 기하급수적으로 늘어난다. 왜냐하면 학생들은 신앙적으로나 다른 모든 것이 자기보다 못하다고 생각하는 사람이 방언을 체험하면 질투가 나서 못 견뎌서 몰래 금식하면서 기도하기도 하고, 간절히 방언 받기를 사모하기 때문이다.

사실 질투는 사랑이 아니다(고전 13:4). 하지만 거룩한 질투가 있으니 바로 은사를 사모하는 것이다. 여기서 '사모하다'(ζηλόω)라는 동사가 바로 오늘날 영어의 질투(jealousy)의 어근이다. 질투할 정도로 좋아하고 열망하라는 것이다. 방언을 체험하지 못하는 사람은 방언에 대한 열망이 없는 경우가 많다.

방언에 대한 태도를 바꾸면 방언이 임한다

신앙이 좋은 교회 교역자, 직분자들이 방언을 경험하지 못하는 경우는 방언에 대한 태도가 잘못된 경우가 많다. 여러 가지 이유로 방언에 대해서 혐오하거나 아니면 별거 아닌 것으로 생각하는 경우이다. 내가 아는 한 목사님은 성도들이 방언을 받고 자기에게 와서는 자랑하면서 "목사님, 아직 방언도 못하세요?"라는 말에 큰 상처를 받았다. 그래서 이분은 방언에 대해서 부정적으로 생각하게 되었고, 또 방언으로 기도하는 사람들에 대해서도 좋지 않은 감정을 갖게 되었다. 그런데 결혼 초 어느 날 잠을 자고 있는데 아내가 방언으로 기도하고 있더란다. 중매로 결혼하는 바람에 연애 기간이 짧아 방언으로 기도하는지 알지 못했던 것이다. 하지만 갑자기 일어나 따질 수도 없어서 며칠 후에 부인에게 방언에 대해서 물었다. 그랬더니 그 사모님 왈, "그거 별거 아입니더. 기도하다보니 혀가 저절로 돌아가데예. 관심 쓰지 마이소." 이 말에 그 목사님은 큰 은혜를 받았다. 방언하는 사람들 중에도 겸손하게 말하는 사람이 있구나 하고 생각을 달리 하게 되었다. 어느 날 기도할 때 그 목사님에게도 방언이 임했다.

  영국 유학 시절에 웨일즈에 있는 한인 교회에서 설교한 후 목사님 가족들과 식사를 하였다. 이상하게도 공통 주제로 방언이 설정되어 네 부부가 열띤 토론에 돌입했다. 흥미롭게도 두 부부는 방언을 체험해서 방언에 대해서 긍정적으로 말했고, 다른 두 부부는 체험하지 못한 분들로 방언에 대해서 상당히 부정적으로 말했다. 아무리 토론해도 본인들의 입장이 너무 확고해서 결론이 나지 않았다. 우리는 기도회로 그 토론을 마무리하기로 하고 같이 기도했는데 그때 그만 방언 반대자 편에 있던 두 사모님들에게 방언이 터졌다. 당황한 것은 남은 두 목사님들이었다. 이분들은 당시에는 자신의 주장을 굽히지 않았지만 집에 돌아가 고민하면서 기도하다가 후에 모두 방언을 체험하게 되었다. 나중에 들은 이야기로는 이분들도 사실은 방언을 사모하고 있었는데 자신이 속한 교단 신학교에서 이에 대해 부정적으로 생각하도록 배웠고, 후에는 방언을 사모했는데도 받지 못하자 방언 사모함이 미움으로 바뀐 상태였다. 그런데 실제로 자기 부인이 방언을 체험하는 것을 보고 깊은 고민에 빠지게 되었고 나중에 방언에 대한 입장을 바꾸고 기도하다 모두 방언을 체험한 것이다.

자연스럽게 사모할 때 임한다

  방언을 받기 어려운 경우는 방언에 대해서 성경에 없는 선입견을 가질 때이다. 그런데 신학을 깊이 공부하지 않고, 방언을 터부시하는 신학의 영향을 받지 않은 일반 평신도는 대개 방언에 대해서 나쁜 생각을 갖고 있지 않다. 성경에 있는 대로 방언은 하나님의 영과 우리 영이 기도로 교제하는 것인데 얼마나 좋은 것인가! 성경에는 안수할 때(행 19:6), 같이 모여서 합심으로 기도할 때(행 2:1ff.), 말씀을 들을 때(행 10:44) 임한 경우가 많다. 또 다른 사람의 도움 없이 개인적으로 기도할 때 방언이 임하는 경우도 많다. 방언을 간절히 사모하면서 기도할 때 머지 않아 방언을 맛보게 될 것이다.

방언을 받을 때의 상태와 느낌

우리가 방언 체험할 때 어떤 상태가 될까? 완전히 이성을 잃고 황홀경에 빠질까? 아니면 아무런 느낌도 없이 혀만 전에 가지 않았던 방향으로 움직일까? 아니면 강력한 하나님 임재의 체험을 하게 되는가?

황홀경

방언은 이성을 잃고 황홀경에서 의미 없이 지껄이는 말인가? 혹은 몽유병이나 무당의 입신이나 혹은 정신병에 걸린 상태에서 말하는 것과 같은가? 일종의 정신병인 히스테리에서 기원한 것인가? 헬라시대 신전에서 창녀의 역할을 했던 여사제들이 이상한 언어로 지껄이는 신탁과 같은가? 그동안 방언을 언어학적 · 심리학적 · 종교사적으로 연구했던 학자들 중에는 위의 질문들을 긍정으로 대답하는 사람들이 많았다. 하지만 우리는 방언을 하는 사람이 이성도 잃지 않으며, 자기의 의지도 잃지 않으면서 성령이 인도하는 가운데 기도하는 것을 알고 있다. 방언을 어떤 이상한 정신 상태에서 의미 없는 소리를 연속적으로 내뱉는 것이라고만 보는 것은 성경의 진리를 심리학으로 축소시키는 우를 범하는 일이다.

강렬한 느낌

방언을 체험한 사람들의 간증을 들어보면 매우 강렬하게 방언을 체험한 사람들이 많다. 방언 체험과 함께 하나님 임재의 체험도 동시에 하는 것이다. 다음의 한 예를 보자.

즉시 갑작스러운 차원의 변화가 일어났다. 순결한 사랑의 영이 교회에 가득했으며 비와 같이 내 몸을 적셨다. 하나님은 저 위에만 계시는 분이 아니었다. 그분은 내 가까이 계시는데 나의 영이 나와 가까운 만큼 내게로 가까이 오셨다. 그분은 내 심장 속에서 박동하며, 내 피와 더불어 온 몸을 돌며, 나의 허파 속에서 숨을 쉬고, 내 뇌 속에서 나와 같이 생각하고 있다. 내 몸 속에 있는 모든 세포와 모든 신경의 끝부분까지 그분의 임재로 떨리고 있다. …하나님은 실재로 체험 가운데 오신 하나님이시다. 결코 개념이나 상징 속에 갇힌 분이 아니시다. 나는 이렇게 외치고 싶다. "하나님, 그동안 어디 가셨다 이제 오셨습니까?"(오성춘, 『성령과 목회』, 281에서 재인용)

방언을 체험한 사람들 가운데 강렬하게 하나님 임재의 경험을 하는 경우가 많다. 방언은 초자연적으로 성령이 어떤 사람의 혀를 움직이게 하기 때문에 이때 하늘의 것을 경험하는 것이다.

무(無) 느낌

방언 자체가 어떤 느낌을 항상 동반하지는 않는다. 하나님 임재의 체험이나 인격을 새롭게 하는 체험이 방언에 동반되는 경우가 많지만 방언 자체가 어떤 느낌과 동일시 될 수는 없다. 어떤 사람은 별다른 느낌 없이 혀가 움직이는 체험을 한다. 마헤쉬 차브다(Mahesh Chavda)는 『방언 체험』이라는 책에서 "내가 방언을 하기 시작했을 때, 나를 초월한 어떤 것이 갑자기 등장해서 나를 휘어잡고 뒤흔들고 있다는 느낌은 없었다. 나는 내 의지대로 내 입을 열어 방언을 하기 시작했다. 방언의 말을 주시는 분은 성령이시다. 그러나 나는 내 의지대로 입을 열어 말했다"(96)라고 썼다. 우리 중에 방언을 체험하기 이전에 하나님의 임재를 깊이 체험한 사람은 방언을 하면서 별다른 느낌 없이 혀가 돌아가는 경우가 많다. 또 방언을 처음 체험할 때와는 달리 계속 방언 기도하면서는 특별한 느낌이 없는 경우도 있다.

시원함

방언을 하면서 하나님의 임재는 아닐지라도 마음이 깊이 터치되고 있다는 느낌을 받는 경우도 있다. 갑자기 감정이 격해지기도 하고 때로는 차분해지기도 하면서 자신의 영혼 속의 문제들을 성령이 끄집어내는 느낌을 받기도 한다. 그때 감사와 찬양을 하며, 기뻐하기도 한다. 어떤 이는 방언 기도의 느낌과 효과를 시골 다락방 청소할 때와 비슷하다고 한다. 다락방은 먼지와 여러 물품들로 인해 냄새가 늘 쿰쿰하게 나며 온통 어질러져 있는데 몇 년에 한 번 다락방을 청소하면 마음이 너무나 시원한 것과 마찬가지로 방언을 할 때의 효과와 느낌이 이와 비슷한 측면이 있다고 한다. 평상시 마음이 왠지 복잡하고 괴롭다가도 방언 기도를 하게 되면 시원한 마음이 된다는 것이다. 사실 방언 기도를 정기적으로 하는 사람은 대부분 이와 같은 체험을 한다.

방언 실제로 체험하기

지금까지 우리는 본서에서 방언에 대한 성경적 이해를 여러 측면을 통해 살펴보았다. 본 장에서는 특히 방언에 대한 태도, 방언을 체험할 때의 느낌 등 방언 체험에 대하여 설명하였다. 여기까지 읽은 독자 중에서 아직까지 방언을 체험하지 못한 분들을 위하여 아래와 같이 보다 구체적인 지침을 제공한다.

방언에 대한 하나님의 뜻 이해하기

자신이 휘두르기만 하면 방언이 저절로 떨어지는 방망이는 없다. 하나님은 어떤 특정한 사람에게 방망이를 주셨다고 말한 일이 없다. 모든 은사가 주어지는 기본 중의 기본은 하나님의 주권이다. "이 모든 일은 한 성령이 행하사 그의 뜻대로 각 사람에게 나누어 주시는 것이니라"(고전 12:11). 은사는 하나님을 감동시키면 주어지는 것이 아니라 하나님의 주권에 따라 교회에 주어져서 하나님의 때에 나타난다(고전 12:7). 우선 이 사실을 인정하는 태도를 가져야 한다.

그런데 특히 개인 기도로서의 방언의 은사에 대한 하나님의 뜻은 모든 신자가 다 방언을 경험하여 하나님과 하늘 언어로 기도하는 것이다

(고전 14:5). 바울은 이런 의미에서 자신이 방언을 받아 다른 어떤 사람보다도 더 많이 활용하여 하나님과 교제하고 있음을 자랑스럽게 생각했다(고전 14:18). 하나님이 지금 모든 신자에게 원하는 것도 같은 것이다. 신자가 자신이 마땅히 기도할 바를 정확히 알지 못하는 상황에서 성령의 직접적인 개입으로 하나님과 교통할 수 있는 중요한 도구로서의 은사를 모두 경험하는 것이다.

방언 체험 사모하기

은사는 하나님이 주시는데, 그렇다면 인간이 할 수 있는 일은 없는가? 우리는 가만히 앉아서 하나님이 주시면 받고 안 주시면 포기해야 할까? 바울은 성령의 은사를 사모하라(고전 12:1, 31; 14:1, 12)고 가르친다. 하나님이 각 신자에게 주시기를 원하시는 방언을 체험하기를 사모하라는 것이다. 지금까지 필자는 방언에 대해서 무관심하거나 무지하다가 방언을 사모하게 되면서 방언 체험을 한 사례를 부지기수로 보았다. 실제로 방언에 대한 설교를 하지 않을 때도 교회 안에 방언 받는 사례가 있었지만 그 수는 미미했었는데 반해, 방언을 적극적으로 가르치고 사모함을 통해서 경험하는 것을 설교할 때 많은 신자들이 방언을 경험했다.

사모하는 방법

방언을 사모함이란 구체적으로 어떤 행동을 말할까? 사모함이란 우선, 시간과 장소를 정해서 하나님께 기도하는 것이다. 구체적으로는 방언으로 기도하고 싶다는 기도 내용과 열망을 하나님께 올려드리는 것이다. 이때 우리의 연약함을 인정하고 고백하는 것이 중요하다. 우리는 이미 하나님의 백성이 되었지만 그럼에도 불구하고 우리의 이성과 경험만으로는 하나님께 온전한 기도를 할 수 없음을 인정하는 것이다. 사실 그동안 경험에 의하면 방언의 은사를 체험하지 못하는 사람의 부류 중에는 모국어로도 기도를 전혀 못하는 사람과 반대로 매우 유창하게 하는 두 그룹이 있었다. 전자는 하나님과 기도로 교제하는 것을 배우지 못해서 방언 체험까지 못가고, 후자는 자신이 모국어로도 만족하게 기도생활을 하기 때문에 굳이 방언 체험을 할 필요성을 못 느낀다.

또 혼자 기도하는 것보다도 같이 기도할 때 방언이 임하는 경우가 많다. 오순절에 성령이 임한 것은 120명의 제자들이 한 곳에 모여서 기도할 때였다(행 2:1). 특히 방언을 이미 체험한 사람과 같이 기도할 때 방언이 임하는 경우가 많았다. 사도행전의 성령 세례 체험 기사 중 오순절 기사를 제외하면 모두 이미 체험한 사람이 집회를 인도하는 가운데 성령의 능력을 체험했다. 이 현상은 지금도 흔히 일어난다. 우리가 신뢰하는 신앙인이 방언으로 기도하는 것을 목도하는 것보다도 방언을 사모하게 되는 좋은 계기는 없다. 또 이때 권위를 가진 사람의 안수를 통해 방언이 임하는 경우가 성경에서도 많이 발견된다(행 19:1-7). 안수에 방언 도깨비 방망이가 있어서라기보다는 하나님의 주권을 인정하여 하나님의 사역자를 통해 성령이 임할 것을 기대하기 때문이다.

마지막으로 중요한 것은 올바로 말씀을 들을 때 방언이 임한다는 사실이다. 사도행전 10장에는 베드로가 이방인들에게 복음을 전할 때 성령이 임한 것을 기록하고 있다. 베드로가 설교할 때 성령이 말씀을 듣는 모든 사람에게 임했다. 이때 사람들은 방언을 하면서 동시에 하나님을 찬양했다(행 10:44-46). 우리도 하나님의 말씀을 경청할 때, 특히 성령에 관한 말씀을 배우고 들을 때 방언 은사를 체험하는 경우가 많다. 아니면 기록된 말씀을 혼자 읽을 때 방언이 임하는 경우도 있다. 단순히 기도만 하는 것이 아니라 말씀을 통해 하나님의 본뜻을 깨닫고, 말씀에 의지하여 사모하면서 기도하는 사람들에게 방언이 임한다.

사모하는데도 체험하지 못하는 경우

간혹 방언을 사모하는데도 방언을 체험하지 못하는 경우가 있다. 이것에 관해서는 몇 가지 질문을 스스로 해 보아야 한다. 첫째, 방언을 사모하지만 방언을 하면 점잖지 못할 것 같다는 등의 문화적인 두려움을 포함하여 혹시 마귀가 주는 방언이 아닐까 하는 영적인 두려움은 없는가? 둘째, 사모한다고 하면서도 몸과 입을 전혀 맡기기 않고 주로 묵상 기도 아니면 소극적으로 기도하지는 않는가? 셋째, 현재는 방언을 사모하지만 이전에 방언 중지론 혹은 방언 소극 인정론의 입장에 있던 목회자에게서 신앙의 큰 영향을 받지는 않았는가? 사실 방언 자체는 사모하지만 신앙의 틀 자체가 성령의 초자연적 역사에 대해서 부정적이면 그 틀 자체를 바꾸지 않으면 방언을 체험하기 어려운 경우가 있다. 넷째, 기도할 때 방언 자체에만 집중해서 생각하는 경우가 있는데 그것도 올바로 방언을 사모하는 방법이 아니다. 방언을 통해서 하나님과 더 깊은 교제에 단계에 들어가기를 사모하면서 하나님께 방언으로 기도할 수 있기를 요청하는 것이 방언을 사모하는 올바른 방법이다.

방언을 체험한 이후

계속해서 방언으로 기도하기

　방언 체험은 매우 강렬하게 오기도 하고 단순히 혀의 떨림으로만 다가오기도 한다. 어떤 체험으로 오든 방언을 체험한 사람은 계속해서 방언으로 기도해야 한다. 방언이 신자의 영혼의 집을 튼튼하게 한다는 바울의 말이 하나님의 말씀임을 믿는다면(고전 14:4), 느낌이 어떤 것이든 간에 이러한 계속적인 기도 행위가 영성 형성에 도움이 된다는 것을 믿고 그대로 따라야 한다.

방언 통역의 은사 간구

　방언을 체험한 사람은 공동체의 유익을 위해 방언 통역의 은사를 체험하도록 기도하는 것 또한 중요하다. 바울이 말하는 바를 문자 그대로 따라보자. "그러므로 방언을 말하는 자는 통역하기를 기도할지니"(고전 14:13). 방언은 한 번 체험하면 그 다음에 방언으로 기도할 때 거의 자동으로 나오는 데 반해, 방언 통역은 그렇지 않다. 방언이 알지 못하는 언어로 하나님께 기도하는 것이라면, 통역은 방언을 모국어로 옮기는 것이기 때문에 두려움이 있다. 특히 귀가 아닌 마음에 들리는 것을 말하기 때문에 혹시 성령이 주신 통역이 아니라 자기 나름대로의 생각을 말하지 않을까 하는 두려움이 있다. 하지만 하나님은 마음을 통해서 역사하고, 마음에 깨달음과 음성을 들려주신다. 지나치게 두려움을 갖지 말고 사모하면서 마음속에 들리는 통역을 방언을 말할 때처럼 입으로 말하는 것이 필요하다. 만약 실수했다고 하더라도 영분별의 은사가 교회 안에 있음으로 그것을 교정할 수 있기 때문에, 두려움보다는 적극적인 마음으로 은사를 주신 것이 나타나도록 간구해야 한다.

방언 사역하기

방언을 체험하고 규칙적으로 방언으로 기도하는 사람은 이 은사를 다른 사람들도 체험하여 같은 복을 누리게 하는 사명이 있다. 우리는 설교와 성경공부와 기도회와 은사집회를 통해서 사람들이 방언을 체험하도록 기도하면서 사역하여야 할 것이다. 다음은 내가 방언에 대해서 실제로 오랫동안 설교해온 것이다. 이 내용을 설교한 후 같이 기도했을 때 많은 사람이 방언을 체험했다.

• 방언 체험하기 •

| 본문 | 고전 14:2

김우현 감독이 작년에 『하늘의 언어』라는 책을 냈습니다. 이 책은 자신이 어떻게 방언을 체험하게 되었으며, 또 어떻게 자신의 사역을 통해서 사람들이 방언을 체험하게 되었는가를 진솔하게 쓴 것입니다. 이 책은 많은 사람들에게서 사랑을 받고 있으며, 이 책을 읽은 이들이 방언을 사모하게 되었습니다. 그동안 여러분도 나름대로 방언에 대해서 생각해 보았을 줄 압니다. "마귀 방언도 있다더라, 방언은 '꼴

찌 은사다', 방언은 사라지고 없다, 방언은 낮은 등급의 신자들에게만 필요하다"고 말하는 것 등 방언에 대해서 부정적으로 말하는 사람들이 있습니다. 역으로 방언을 못 받으면 신앙이 성숙하지 못한 것이라는 말도 있습니다. 이렇게 방언에 대해서 혼란스런 이론이 난무하는 오늘날, 하늘의 언어로 불리는 방언에 대해서 성경적으로 고찰해보고자 합니다.

• 방언 기도의 은사란 무엇인가? •

첫째, 방언은 영으로 하나님께 기도하는 은사입니다(고전 14:2). 방언은 신자의 영이 성령에 이끌리어 하나님께 기도하는 은사입니다. 그러므로 방언으로 기도할 때 그 내용을 모를지라도 우리의 영이 하나님의 영과 깊은 교제 가운데 들어가게 됩니다. 하나님과 교제할 때 우리는 하나님 임재의 체험을 하기도 합니다. 또 성령의 직접적인 인도하심을 받기 때문에 더 오래, 더 깊이 기도할 수 있습니다.

둘째, 방언은 신자가 영으로 하나님을 찬미하는 것입니다(고전 14:15). 여러분은 하나님을 어떻게 찬미합니까? 마음(이성)으로 찬미하죠. 우리의 생각을 언어로 표현해서 하나님을 찬양합니다. 그런데 바울은 "내가 영으로 기도하고 또 마음으로 기도하며 또 마음으로 기도하며 내가 영으로 찬미하고 또 마음으로 찬미하리라"(고전 14:15)고 합니다. 방언은 바로 성령으로 기도하는 것뿐만 아니라 성령으로 찬양하는 것도 포함합니다.

셋째, 그러므로 방언의 은사는 신앙 성숙에 긍정적인 역할을 합니다(고전 14:4). 방언은 신자의 신앙을 건축하는 역할을 합니다. 방언으로 기도하면 성령께서 우리의 영의 깊은 소원까지 다 아시기 때문에 우리의 영이 시원함을 경험하게 됩니다(고전 14:21; 롬 8:26-27 참조). 방언은 쾌쾌한 다락방을 청소한 것과 같은 효과를 냅니다. 비록 그것이 냄새나는 일이긴 하지만 성령은 방언 기도를 통해 우리 마음속에 숨겨진 상처를 끌어내어 치유해 주십니다. 우리의 영혼의 깊은 곳에 있는 죄와 상처를 끌어내어 방언으로 기도하는 사람은 그렇지 않은 사람들보다 영적 침체에서 쉽게 벗어납니다.

방언을 체험하지 못하는 경우들

그러면 방언 기도는 사도들이나 소수의 엘리트 신자들만 경험하는 것일까요? 바울은 모든 신자가 다 방언 기도의 은사를 받기를 원한다고 말합니다(고전 14:5). 다른 성령의 은사는 모두가 다 받을 필요는 없습니다. 하나님께서 주셔서 각자 자신에게 나타나는 것에 감사하면 됩니다(고전 12:11). 그런데 예외적으로 바울은 방언의 은사만큼은 모든 신자가 다 받기를 원한다고 말합니다. 그 이유는 방언 기도가 신앙성장에 절대적으로 도움이 되기 때문입니다.

하나님은 바울을 통해서 모든 신자가 다 방언을 받기를 원하신다고 했는데 왜 그러면 어떤 사람은 방언을 받지 못하는 것일까요? 저는 그 유형을 다음과 같이 7가지로 정리해 보겠습니다.

첫째, 방언의 은사는 신자들에게 주어지는 것이므로 거듭나지 않은 사람은 방언의 은사를 받을 수 없습니다. 그러나 거듭난 신자는 모두가 방언을 받을 수 있습니다. 사실 방언의 은사를 받는다는 것은 우리의 신앙의 깊이와는 아무 상관이 없습니다. 방언을 받을 최소의 조건은 예수를 잘 믿는 것이 아니라 그냥 믿는 것입니다.

둘째, 방언을 두려워하는 사람들은 방언의 은사를 경험하기 어렵습니다. 예를 들어 "방언을 받으면 광신자 같아. 좀 절제해야지"라고 생각하는 사람은 그렇지 않은 사람보다 방언의 은사를 받기가 더 어렵습니다.

셋째, 방언에 대한 부정적인 생각, 소극적인 생각을 가진 사람은 방언의 은사를 경험하기 어렵습니다. 예를 들어 "방언은 초대 교회만 있었던 것이지 지금은 말씀을 중심으로 신앙 생활하는 것이다"라든지 "방언을 받아도 천사처럼 되는 것도 아니고, 방언을 받아도 별거 아니더라" 혹은 "방언은 성령의 은사 중에서 '꼴찌 은사'라고 하더라"라고 하든지 "나보다 신앙이 좋지 않은 사람이 방언 받고 잘난 체 하는 것 못 봐 주겠다"라는 태도를 가지면 방언을 경험하기 어렵습니다.

넷째, 방언에 대한 잘못된 가르침에 영향을 깊이 받은 사람들은 방언의 은사를 경험하기 어렵습니다. 어떤 사람은 방언의 은사는 못 배우고 못 사는 사람들이 하소연할 바가 없어 뇌까리는 것이라고 합니다. "대학생 선교회의 창설자 빌 브라이트도 장로교의 창시자 칼빈도 방언을 못했는데 하물며 내가 방언을 못 받은 것은 당연한 것이지"라는 태도를 견지하면 방언을 받기 어렵습니다. 극단적으로는 초대 교회와는 달리 이제는 말씀만 있으면 되지 방언은 필요 없다는 태도나 "마귀 방언도 있다"는 말을 하면서 방언을 반대하는 경우도 방언을 경험하기 어렵습니다.

다섯째, 지금까지 저의 사역 경험상 방언을 못 받는 사람은 대부분 방언에 대한 잘못된 태도를 가진 사람들이었습니다. 특히 방언에 대해서 부정적인 생각을 가진 사람들이 방언을 경험하기 어렵습니다.

방언에 대한 성경적 가르침을 믿으면 어렵지 않게 방언을 경험하게 됩니다. 어느 목사님은 방언하는 아내를 얻고 큰 실망을 했다가 나중에 아내의 신실한 태도를 보고 감동하여 방언에 대해서 긍정적으로 태도가 바뀌어 방언을 경험한 경우도 보았습니다. 또 어떤 목사님은 저와 방언에 대해서 논쟁한 후 같이 기도하다가 그 자리에서 사모님이 방언을 경험하게 되고 후에 목사님도 방언을 경험하기도 했습니다. 그동안의 저의 사역 경험을 뒤돌아볼 때 방언에 대해서 설교하지 않을 때 저의 회중 중 방언 경험하는 경우가 드물었습니다. 그런데 방언에 대해서 적극적으로 가르치고 설교하면 많은 사람들이 방언을 받게 되었습니다.

여섯째, 마음은 방언을 사모하지만 몸을 전혀 하나님께 맡기지 않은 경우에 방언을 체험하지 못하는 경우가 있습니다. 마음으로 간구도 하며 몸, 특히 입술을 하나님께 맡기십시오. 또 방언의 은사는 하나님의 영이 내 몸을 통제하는 것이기 때문에 우리의 몸을 하나님께 맡겨야 합니다. 흔히 지식인들은 머리나 정신으로 하는 것은 익숙한데 몸으로 무엇을 하는 것은 천하다고 느낄 때가 있습니다. 적극적으로 몸을 움직이면서 기도하십시오. 그러면 오래지 않아 방언 기도의 은사를 경험하게 되실 것입니다.

일곱째, 방언 기도의 은사를 받았는데 오랫동안 사용하지 않아 잘 안 되는 성도들이 있는데 다시 기도하면 됩니다. 그런 분들은 방언 기도 하는 분들과 다시 기도하면 금방 방언이 다시 나옵니다. 그런 예를 저는 많이 보았습니다. 제가 시무하던 교회 청년회의 어떤 대학생은 청소년기에 방언의 은사를 받았는데 선교단체에 들어갔다가 방언은 별 필요 없다고 해서 사용하지 않다가 제 설교를 듣고 다시 기도하자 방언이 터졌습니다. 방언 기도의 은사를 받은 사람은 계속해서 방언 기도를 사용하여 기도하십시오. 바울이 말한 대로 "내가 너희 모든 사람보다 방언을 더 말하므로 하나님께 감사하노라"(고전 14:18), "그러면 어떻게 할꼬 내가 영으로 기도하고 또 마음으로 기도하며 내가 영으로 찬미하고 또 마음으로 찬미하리라"고 한 고백이 우리의 고백이 되기를 바랍니다.

방언 은사를 체험하는 방법

방언의 은사는 방언에 대한 성경적인 올바른 태도를 가지고 사모함으로 받습니다(고전 12:1, 31; 14:1). 다시 말하면 은사는 선물이기 때문에 우리가 하나님께 적극적으로 매달려 구할 때 경험하게 됩니다. 고린도전서 12:1과 13:1의 "신령한 것을 사모하라"는 신령한 것을 탐내라는 뜻입니다. 수련회나 부흥회를 인도하면서 저는 첫째 날 일단 한 명이 방언을 체험하는 것을 목표로 기도합니다. 한 명만 받으면 그 다음에는 쉬워집니다. 방언 받은 사람을 공개적으로 일 분 간증을 시키면 그 다음에는 방언 받는 숫자가 폭발적으로 증가합니다. 왜냐하면 학생들은 친구가 받으면 열불이 나서 못 견디기 때문입니다. 몰래 금식하면서 기도하기도 하고, 그 다음 시간부터는 제일 앞자리에 앉아서 기도하기도 하면서 방언을 구합니다. 저는 성도들이 방언을 받고자 하는 열망이 생기면 앞으로 나와서 기도하라고 합니다. 재미있는 현상은 뒤에 그냥 앉아 있는 사람들보다 그때 앞으로 나온 사람들이 훨씬 더 많이 방언의 은사를 경험합니다.

저는 지난 연초에 영국에 갔다가 방언을 너무도 사모하는 분들을 보왔습니다. 이분들은 모두 목사님 사모님들인데, 오랫동안 기도하면서 이성으로 뿐만 아니라 성령으로 기도하는 것을 사모하여 왔습니다. 제가 이분들에게 방언에 대한 말씀을 설교하고 기도하자마자, 사모하는 심령에 곧바로 방언이 임했습니다.

방언을 체험한 이후의 삶

방언을 체험한 사람은 이제 매일 방언으로 기도하는 삶을 살아야 합니다. 그러면 우리의 영이 열매를 맺어 신앙 성숙에 이르게 됩니다. 방언 자체는 신앙 성숙의 표지도 아니요, 방언이 구원과 관계있는 것도 아니요, 천국에서는 필요 없는 것이지만, 방언은 교회 시대에 우리가 하나님 나라에 갈 때까지 기도하는 데 매우 도움이 되는 은사입니다. 이 은사를 활용하여 매일 기도합시다.

또 방언의 은사를 받은 사람은 방언 통역을 위해서 계속 기도해야 합니다(고전 14:13). 교회에 방언으로 기도하는 사람은 많은데 방언을 통역하는 사람은 드뭅니다. 그 이유는 신자들이 방언 통역의 은사를 정확히 이해하지 못해서 그렇습니다. 통역에는 상대방의 말은 알아듣고 글자 그대로의 의미를 옮기는 Translation이 있고 그 대의를 옮기는 Interpretation이 있습니다. 바울이 말하는 통역은 후자입니다. 통역은 상대방의 방언이 자동적으로 들리는 것을 말하는 것이 아닙니다. 그리고 통역의 은사를 받으면 모든 방언을 자동적으로 통역하게 되는 것이 아닙니다. 통역은 어떤 사람이 방언하는 것을 들을 때 순간적으로 마음에 그 뜻을 부분적으로 알게 되고 마음에 부담이 생길 때 방언을 하듯이 입을 벌려 그 내용을 말하는 것입니다. 저는 어느 교회에서 수련회를 인도하던 중 갑자기 내 마음속에 여기 있는 사람 중 어떤 사람이 방언하기를 원하신다는 강력한 느낌이 와서 말했더니 어떤 자매님이 방언하기 시작했고 내가 통역을 하자 그 자매가 크게 회개하는 역사가 일어난 경험을 했습니다. 그 이후에 저는 담대하게 통역을 할 수 있게 되었습니다.

마지막으로, 할 수 있는 대로 우리는 개인적으로 방언으로 기도하면서 다른 사람들에게 방언의 유익을 성경 말씀을 들어 설명하고 같이 기도하여 우리가 아는 많은 사람들이 이 축복을 누리도록 기도해야 할 것입니다.

제4장

방언, 하늘의 언어가 맞다

longue

방언, '하늘의 언어' 논쟁

2007년 김우현 감독의 『하늘의 언어』가 공전의 히트를 쳤다. 이 책이 발간된 이후 한국교회 여기저기서 방언 열풍이 일어나고 있다. 이때 이 움직임에 정면으로 도전하는 책이 나왔다. 제목에서도 김우현 감독의 책과 연관된 주제의 책임이 드러난다. 바로 『방언, 정말 하늘의 언어인가?』이다. 그동안 이 질문에 대해서 어정쩡한 태도를 취했던 사람들과는 달리 옥성호는 칼로 무를 자르듯이 그 질문에 이렇게 대답한다. "아니다. 절대 아니다."

이 책은 한국 방언 연구사에 있어서 매우 의미 있는 책이다. 왜냐하면 학문적인 서적이나 신앙 서적을 막론하고 한국인이 쓴 책 중에서 은사 중지론의 입장에서 일관되게 방언론을 전개한 거의 유일한 책이기 때문이다. 그동안 워필드나 개핀이나 혹은 월부워드의 책들이 번역되기는 했지만 어떤 한국 학자도 이들의 생각을 그대로 받아들인 사람은 없었다. 한국 학자들의 견해는 이들의 이론을 나름대로 재해석하여 성령의 은사는 지나치게 강조되어서는 안 되며 사랑 중심으로 적절하게 사용되어야 한다는 "소극적 인정론"이 주류를 차지했기 때문이다. 한국교회에서는 방언의 은사가 교파를 초월하여 매우 광범위하게 나타나고 있기 때문에 이것이 성경적인 것이 아니라고 정면으로 부정하기는 어려웠을 것이다.

그런데 이 책은 현재 성경에 있는 방언의 은사는 존재하지 않으며 현재 교회에서 광범위하게 이루어지고 있는 방언은 성경의 방언이 아니므로 근절되어야 한다는 입장을 취하고 있다. 저자는 신학을 전문적으로 공부하지 않은 사람이지만 지성인으로서 방언에 대한 전문 서적과 신앙 서적 또 방언과 연관된 관련 주석을 섭렵해서 나름대로 설득력 있는 어조로 글을 써나가고 있다. 여기서 저자의 주장과 어조는 매우 강하다. 논지가 "현대의 방언은 성경의 방언이 아니다"는 것이기 때문에 그렇겠지만 주장할 때의 어조는 자신의 주장과 반대되는 해석의 가능성에 대해서는 거의 문을 열어놓지 않고 있다.

나는 이 책을 매우 흥미 있게 읽었다. 책을 처음 잡아서 마지막 페이지까지 읽을 때까지 한 번도 손에서 책을 놓지 않았을 정도였다. 읽으면서 저자의 집념과 끈기가 대단함을 느꼈다. 책의 전체적인 어조는 자신의 논조를 차근차근 증명해 가는 것이었지만, 이것을 통해 한국교회를 개혁시키려는 저자의 뜨거운 마음도 같이 느낄 수 있었다. 이 책을 쓰는 것이 필생의 사명감으로 하는 것 같은 느낌도 받았다. 나는 이 책에 대한 비평적 평가를 하려고 한다. 결론부터 말하자면, 나는 저자의 논지에 동의하지 않을 뿐 아니라 개개 구절의 해석과 평가에 있어서도 대부분 그렇다.

아마추어의 성경 해석

　본론을 말하기에 앞서 짚고 넘어가야 할 것이 있다. 필자가 이 책을 읽고 느낀 첫 번째 전반적 평가와 인상은 저자는 여러 전문 서적을 읽고 분석하고 평가하고 나름대로의 논리를 펼치고 있지만, 성경 해석에 있어서는 결국 아마추어(amateur)라는 것이었다. 어느 분야에서건 프로와 아마추어의 차이는 극명하다. 아마추어는 어떤 문제에 흥미롭게는 접근하지만 전문적인 지식을 가지고 접근할 수는 없다. 이런 비판이 나올 줄 알았는지 추천인은 이 책의 저자는 그 누구보다도(학자들까지 포함해서) 방언에 대한 책을 많이 읽었기 때문에 이 분야의 전문가라는 말을 덧붙였다.

　위 논리는 "어떤 사람이 스트레스에 대한 신문, 잡지, 전문 서적을 어떤 정신과 의사보다도 더 많이 읽었기 때문에 이 사람은 스트레스 전문가라고 할 수 있다"와 같은 주장이다. 이에 대해 나는 "그 사람은 전문가가 아니라 스트레스라는 주제의 연구 애호가다"라고 말할 것이다. 스트레스 전문가는 그 주제를 많이 읽은 사람이기에 앞서 그 주제를 연구할 수 있는 병리학, 해부학, 정신과학을 학문적 과정에 따라 정식으로 공부한 사람이다. 그 사람이 정신과 의사로서 스트레스에 대해서 어떤 시점에서 설혹 아마추어보다도 적게 읽었더라도 그 문제를 학문적으로 접근할 수 있는 사람은 바로 정신과 의사다. 이 사람은 전문적으로 연구하는 법을 배우고 스트레스에 관한 기초가 잡힌 사람이기 때문이다.

　저자는 이 책에서 방언이 어떤 것인지 성경을 주석, 해석함으로써 증명하려고 시도한다. 만약 전문가가 아닌 어떤 사람이 방언 체험에 관해서 글을 썼다면-김우현 감독의 『하늘의 언어』처럼- 자신의 체험담을 쓴 것이기 때문에 그 체험에 대한 나름의 진솔한 진술을 통하여 의미 있는 책이라고 일컬을 수 있다. 하지만 매우 복잡하고 미묘한 성경 구절에 대한 주석에 근거한 내용이라면 그 해석은 전문적으로 훈련받은 사람들(성경학자)의 몫이다. 어떤 사람이 성경학자가 되기 위해서는 성경 언어를 습득하고 성경 본문을 주석적·해석적으로 분석하는 방법을 배우고, 또 다른 학자들의 글을 비평적으로 읽고 그것을 논문으로 쓰는 방법을 습득하게 된다. 물론 지성이 있으면 독학으로도 어느 정도는 배울 수 있지만 책을 몇 권 읽어서 하루아침에 전문가가 되지는 못한다. 여기에는 상당한 기간 동안 전문 훈련이 필요하다.

『방언, 정말 하늘의 언어인가?』의 저자는 학교에서 학위 과정으로 신학 훈련을 전문적으로 받지 않은 사람이다. 아마추어로는 상당한 경지에 이르렀지만 책의 내용을 보면 아마추어적인 특징이 그대로 나타난다. 아마추어의 특징은 어떤 주장을 할 때 반대 주장에 대한 심각한 고민을 잘 하지 못하고, 책을 읽는 범위도 자신이 선호하는 것 위주로 매우 제한적이며, 성경학의 배경 지식이 매우 허약하거나 어떤 한 주장을 마치 절대적인 것인 양 착각하고 따른다. 이 책에서는 거의 각 장마다 아마추어의 특징이 드러난다. 학자들이 대부분 동의한다거나, 어떤 설이 현재 학자들의 정설이라고 말한 것 중에서 틀린 부분이 많다. 예를 들어 사도행전이 A. D. 65년경에 쓰였다고 대부분의 성경학자들이 생각하고 있다고 하는데(32) 이 말은 사실이 아니다. 이 주장은 누가 신학자 중 극소수의 학자들만 동의한다. 독일의 표준적인 신약개론인 퀌멜의 신약개론과 미국에서 표준서 중의 하나인 브라운의 신약개론 모두 위의 생각에 반대한다. 누가복음과 사도행전은 A. D. 80년대에 쓰였다고 보는 것이 학계의 정설이다. 아무리 일찍 잡아도 70년대일 것이다. 이 주장은 자신이 판단하여 내린 주장이 아니라 극단적인 입장을 취하는 어떤 학자들, 특히 옛날 책에서 빌려온 것 같다.

문제의 성격을 정확하게 파악하지 못함

아마추어의 가장 기본적인 특징은 문제의 성격을 정확하게 파악하지 못하는 것이다. 저자는 고린도전서 14:22이 방언이 정의된 유일한 구절로, 바울의 방언관과 누가의 방언관이 하나로 꿰어져 보인다고 주장하지만, 대부분의 학자들이 생각하듯이 바울의 방언에 대한 태도를 해결하는 것은 그리 간단하거나 단순하지 않다. 특히 고린도전서 14:22은 번역, 뜻, 구약 인용, 문맥, 정황, 바울의 신학 등을 종합적으로 분석해야 나름대로의 답을 얻을 수 있는데 저자는 이 모든 것을 해 보지도 않고 단순한 문제로 여긴다. 특히 이 절은 단어 하나의 번역, 구문법 등을 주도면밀하게 분석해야만 본뜻을 알 수 있는 이른바 난해구절이다. 본 절은 번역부터 여러 가능성이 있고, 표적의 의미에 대해서도 여러 각도의 분석이 필요하다. 그런데 저자는 이 구절을 단순하게 이해하고 단순한 해석에 근거해서 전개한다. 제1장에서 밝혔지만 여기서 방언은 개인 기도로서의 방언이 아니라 공적 예배에서 통역을 동반하지 않은 방언을 가리킨다. 통역되지 않아 예배 청중이 알아듣지 못하는 방언은 신자들이나 전혀 이해하지 못하는 불신자들에게도 아무런 도움이 되지 않는다는 것이 논점이다.

또 성경은 하나님의 계시로서 누구나 문법과 문맥과 정황을 분석하면 그 뜻을 쉽게 알 수 있는 문서라고 하는데, 이것도 일부분만 옳다.

성경은 모두에게 쉽게 이해되는 책이기도 하지만 구체적인 주석적 문제에 있어서는 전문가의 도움이 필요한 책이기도 하다. 대부분의 학문과 예술 영역도 마찬가지이다. 음악 애호가는 좋아하는 음악을 들으면서 그 음악을 해석하고 즐길 수 있다. 또 다른 차원에서는 음악을 더 깊이 분석하고 해석하는 전문 연구가도 있다. 성경 해석도 전문가가 있음은 두말할 나위도 없다. 성경이 3500년~2000년 전까지 히브리어와 헬라어로, 그리고 여러 문화를 거치면서 쓰였다면 그 내용과 정황을 분석하는 일은 아마추어로서는 녹녹한 작업이 아니다.

마지막으로, 저자가 자주 언급하는 말씀과 체험의 관계도 쉽게 설명할 수 없는 문제이다. 저자는 성경 주석은 말씀 중심으로, 체험과 말씀 해석은 체험 중심으로 단순한 이분법으로 본다. 그래서 아마도 김우현 감독의 책은 전자의 부류에 속하고, 저자의 책은 후자의 부류에 속한다고 보는 것 같다. 하지만 문서의 해석에 있어서 전제(일종의 경험)가 중요한 역할을 함은 해석학자들이 오랫동안 밝혀온 것이다. 무턱대고 본문을 파헤친다고 본문을 올바르게 해석할 수 있는 것은 아니다. 어떤 전제와 체험을 가지고 들어가느냐가 결국 문서를 해석하는 데 있어서 관건이다. 성경을 해석할 때 주석과 체험의 문제는 간단히 결론 내릴 문제가 아니다. 말씀과 해석자와 해석자의 체험은 대립관계라기보다는 서로 역동적으로 맞물려 간다고 보아야 한다.

다소 엉뚱한, 증명되지 않은 상상

아마추어의 또 다른 특징은 다소 엉뚱한 상상력을 동원하거나 증명되지 않은 전제를 가지고 논증을 한다는 것이다. 다음의 주장들은 대부분의 성경학자가 전제하지 않는 매우 엉뚱한 상상력에 의한 것이다. 이것이야말로 저자의 아마추어리즘을 단적으로 드러내는 주장이다. 무엇이 학자들의 핵심 동의 사항이고 무엇이 개인의 이상한 주장인지를 잘 분별하지 못하는 것이다.

(1) 누가는 사도행전을 쓰기 전에 고린도전서를 읽었다(34).
(2) 오순절에 성령이 임한 것은 사도들뿐이다(47-49).
(3) 방언은 믿지 않는 유대인들을 위한 표적이다(67).
(4) 바울이 주장한 방언은 외국어였다(101).
(5) 방언 통역이 있다는 것은 방언은 실제 언어라는 뜻이다(181).
(6) 하나님은 폐품을 쓰지 않는다. 방언은 이방 신전에서 쓰던 폐품이었다 (199-200).
(7) 사도행전을 쓴 목적은 구속사역의 완성을 보여 주기 위해서이지 후대의 모범을 위한 것이 아니다(82ff.).

아마도 대다수의 신약학자들은 위 주장에 90% 이상 동의하지 않을 것이다. 세대주의적 입장으로 성경을 해석하는 극소수의 학자들만이 이에 동의할 것이다.

(1) 누가가 고린도전서를 읽고 사도행전을 썼다는 말은 전혀 증명되지 않은 상상이다.
(2) 사도행전 내러티브를 보면 다락방에 모인 120명이(1:13, 15) 계속 그곳에 있다가 오순절에 성령을 받았음이 분명하다. 어떤 사람도 그곳을 떠났다는 보도가 없다.

(3) 비록 개편의 주장을 답습한 것이기는 하지만, 방언이 믿지 않는 유대인들만을 위한 표적이라는 논증은 몇 성경 구절을 이리저리 꿰어 맞추어 주장을 이끌어 낸, 그야말로 아마추어 수준의 주장이다.

(4) 바울이 말하는 방언이 실제 외국어였다는 것은 고린도전서 14:2의 "알아듣는 자가 없고"라는 말에 대한 정면 도전이다. 또 만약 실제 외국어였다면 방언을 하는 사람은 방언 통역을 받기 위해 기도하라는 바울의 권면(14:13)은 앞뒤가 맞지 않는다. 바울은 그 언어를 배우라고 하든지 아니면 그 언어를 쓰는 사람을 초빙해서 방언 통역을 하라고 권면했을 것이다.

(5) 방언이 실제 외국어였다면 그 언어를 아는 사람이 있기 때문에 통역이 필요 없다. 통역의 은사를 통해서 통역되려면 실제 인간이 쓰는 언어가 아니어야 한다. 배워서 통역하는 것은 성령의 은사가 아니다.

(6) 만약 이 주장이 옳다면 구약의 제사, 계명들 중 고대 근동 사회에서 행해지고 있는 것과 유사한 것이 많은데, 구약에서 하나님은 매우 많은 폐품을 쓰신 것이 된다.

(7) 사도행전은 누가복음서의 패턴에 따라 기록되었다는 것은 잘 알려진 사실이다. 누가복음에서 예수가 기도의 사람이었고 모든 중요한 일이 기도를 통해서 이루어졌다면, 사도행전에서도 구속사의 중요한 일이 기도를 통해서 이루어진다. 사도행전은 후대 신자가 예수를 따라, 제자들을 따라 살도록 신앙의 패턴을 제공하고 있다. 저자의 주장은 사도행전 신학에 대한 감소주의적 해석이다.

모순 혹은 과장

　모순과 과장은 아마추어만 범하는 실수는 아니지만 일반적으로 아마추어가 전문가보다도 더 많이 범하는 실수이다. 저자는 은사에는 등급이 없다고 말하면서(130)도 바울의 은사 목록에는 바울의 은사에 대한 (등급을 가르는) 태도가 나타나 있다고 주장한다(126). 즉 목록의 처음에 나오는 은사가 선호하는 은사이고 나중에 나오는 은사가 덜 좋은 은사라고 한다. 이는 고린도전서 12장의 은사에는 우열이 없다는 기본 전제를 잘 이해하지 못한 것일 뿐만 아니라 저자 자신의 주장 내에서도 모순된다.

　저자는 방언이 성경적이 아니라고 주장하면서 방언을 심리학적으로 설명하는데, 이 부분은 매우 자의적이고 과장되었다(214ff.). "방언은 스트레스를 얼마나 많이 받는가의 문제와 직접적인 연관이 있다"(214)고 하면서 방언의 기원을 지나치게 단순하게 접근한다. 저자가 보다 공정하게 접근하려면 심리적인 해석도 가능하다는 하나의 제안으로 설명했어야 한다.

　또 고린도전서 13:10의 "온전한 것"이 성경의 완성이라는 설명은 지나치다 못해 우스꽝스럽다(148ff.). 자신의 생애 혹은 근시일 내에 그리스도의 재림이 이루어지리라고 믿었던 바울이 300년 후에나 정경화 과정이 완성된 성경의 완성을 어떻게 예견하여 그 말을 썼을까? 상상하기도 어려운 주장이다. 이 점은 심지어 은사 중지론자인 개핀도 인정했다. 그는 "바울의 관점 밖의 것을 본문 속에 집어넣어 읽어 바울의 구절을 곡해한 것이다"라고 한다(『성령 은사론』, 127). 리처드 헤이스는 전문 신약학자들의 공통된 견해를 다음과 같이 잘 요약한다(『고린도전

서』, 378)

세대주의 그리스도교 그룹에서는 종종 10절의 '온전한 것' (to teleion)이 신약 성경 정경의 완성과 그 닫음을 가리킨다고 주장하면서, 카리스마적 은사들은 오직 사도 시대에만 해당되며, 현재 교회에서 그 기능은 중단되었다고 생각한다. 이 해석은 단도직입적으로 말도 되지 않는다. 단락 어디에도 '신약 성경'에 대한 언급이 없으며, 교회 내의 계시성 은사에 대한 미래의 취소 예고도 없다. 또한 바울은 이스라엘 성경이 정경적 글의 새로운 수집으로 보완되리라는 것에 대해 미세한 암시조차 주지 않았다. 본문 10절은 완전한 것이 부분적인 것을 대체한다는 일반적 금언을 단순히 말했을 뿐이다. 은사들의 폐지에 대한 바울의 언급은(8절) 명백하게 종말론적 언어를 담고 있는 현 시대와 다가오는 시대 사이의 대조이다.

한마디로 말해 고린도전서 13:10이 은사 중지론의 근거 구절이라고 생각하는 바울 신학자는 거의 없다.

비 체험가의 방언 해석

저자는 다른 문제는 매우 명확하게 자신의 입장을 말하는 데 반해, 자신의 방언 체험에 관해서는 이상하리만큼 애매모호하게 언급한다. 방언하는 사람들이 흔히 방언 반대자들에게 하는 강력한 논리 중의 하나는 "너도 일단 받아보고 말하라!"는 것이다. 방언을 체험하면 입장이 달라질 것이라는 얘기다. 사실 미국에 갔다 오지 않은 사람이 미국에 대해서 아무리 이야기해도 갔다 온 사람이 "너도 갔다 와보고 말해"라고 하면 한방에 그 사람의 주장을 날려버릴 수 있는 것처럼 말이다. 저자는 어떻게 보면 방언 체험자의 입장인 것처럼 말한다. "'울라라랄라라랄' 하고 과거에 배운 방언 기도"(208)의 체험을 체험이라고 보는 것 같다. 추천의 글을 쓴 이도 저자는 방언 기도를 체험한 사람의 입장으로 이 글을 썼다고 거든다(12). "체험도 해보았지만 체험이 아니라 성경으로만 보았더니 현재의 방언은 성경의 방언이 아니더라"고 주장하는 것이라면 저자의 주장은 강력할 수 있다. 이 한 마디로 체험으로 말하는 모든 방언에 대한 긍정적인 주장을 내칠 수 있는 것이다. "나도 미국에 가 보았는데 너하고는 다른 생각이다"라는 주장은 얼마든지 나올 수 있다.

하지만 이 책에 나오는 내용으로만 판단해 볼 때 내가 보기에는 저자는 방언 체험자가 아니다. 첫째, 저자는 자신의 방언 체험을 구체적으로 언급하지 못한다. 방언을 매우 부정적으로 말하면서 "과거에 (억지로 따라) 배웠던"이라는 표현은 강권적으로 임하는 방언을 체험한 것이 아니라 방언 집회에서 남이 하는 말을 그냥 흉내 냈던 경험인 것 같다. 방언은 학습된다고 주장하는 것도 자신이 체험한 방언이 흉내 내기 성격임을 보여 준다(211). 둘째, 이 책의 논지가 옳다면 저자는 절대로 방언을 체험해서는 안 된다. 현대 방언이 성경적 기원을 둔 것이 아니라면, 방언에 대한 기원의 귀결은 무엇이겠는가? 저자는 거기까지는 나가지는 않았지만 그 논리적 귀결은 하나밖에 없다. 서양 학자들이 주장하듯이 "사탄적" 혹은 "마귀적"이라고 해야 한다. 아니면 심리적으로 정신병적이 된 상태에서 나온 것이다. 자신이 이렇게 믿고 있는 방언을 체험하면 안 될 일이다.

또 저자는 방언하는 사람(들)에게서 상처 받은 경험이 있는 것 같다.

필자 주위에 방언하는 사람 중에서 크리스천 인격이 확립된 성숙한 사람도 있고 덜 성숙한 사람도 있다. 그러나 필자는 어떤 사람의 방언 체험 유무에 따라서 그 사람의 신앙을 판단하지는 않는다. "방언이라는 체험에 빠지면 빠질수록 우리는 성경에서 멀어집니다"(234)라는 평가는 필자의 체험과는 정반대다. 물론 그럴 수 있겠지만 아무런 통계적 근거를 제시하지 않고 주장을 하는 것은 방언하는 사람 일부에게서 느낀 것을 일반화하고 과장 내지는 확대한 것으로 여겨진다. 여기에 오순절 신학에 대해서 폄훼하면서 말한 제임스 패커를 그대로 인용한 것(232)은 현대 교회에서의 타 교파나 타 신학에 대한 신중하고 예의 바른 접근의 태도를 취하지 않은 것이다.

저자가 전반적으로 논리적이고 이성적으로 접근하면서도 방언이나 오순절 교파에 대해서 부정적인 태도를 갖는 것은 이 부분에 대해 일종의 나쁜 경험을 한 것으로 보인다. "방언한다고 잘났다고 생각하는 사람들"에 대한 전반적인 혐오감일 수도 있다. 어쨌든 저자는 자신의 전통에 대해서는 자부심이 대단하지만 자신도 어떠한 전통에 서 있고, 그 전통이라는 것이 성경 해석의 여러 가능성이 있을 때 하나의 입장을 취함을 잘 알지 못하는 것 같다. 저자는 스스로 체험과 반대되는 성경적 입장에 서 있다고 말하지만, 사실 그 주장은 존 스토트(John Stott), 도날드 카슨(Donald A. Carson), 개핀, 워필드 등의 개혁주의적 성경 해석 전통을 따르고 있음을 어렵지 않게 알 수 있다. 특히 스토트와 카슨에 대한 의존도는 매우 높다. 만약 저자가 학문을 제대로 배운 학자였다면, 아마도 자신의 논지는 분명하게 유지하면서도 자신도 알게 모르게 하나의 전통에 선 해석이라는 입장을 인정했을 것이다.

증명되지 않은 전제에 의한 논증

저자는 사도행전과 고린도전서에 나오는 방언은 사도 시대의 종결과 함께 그쳤으며, 따라서 현재 신자들이 체험하고 있는 방언은 성경에서 말하는 방언이 아니라고 주장한다. 이를 증명하기 위해 저자는 여러 가지 전제를 한다. 만약 이 전제 중 하나라도 증명될 수 없다면 저자의 논지는 설 자리를 잃게 된다.

고린도전서 14:22이 방언을 해석하는 열쇠(key) 구절인가?

저자는 책을 시작하면서 고린도전서 14:22이 신약 성경의 방언을 해석하는 열쇠가 되는 구절(저자의 말에 따르면 "방언 사건을 살펴보는 거울", 32)이라고 주장한다. 그 근거는 이 구절이 신약 성경에서 방언을 정의하는 유일한 구절이기 때문이라고 한다. 형식적으로 A=B라는 2형식 문장으로 되어 있기 때문에 고린도전서의 방언 구절 중에서 이것만이 방언에 대한 정의라는 것이다. 그래서 바울의 방언에 대한 견해는 이 구절을 열쇠로 해석해야 한다고 말한다.

한마디로 이 주장은 아마추어적 논증법의 전형이다. 첫째, 편지글에서 어떤 것에 대한 정의는 반드시 2형식 문장이 되어야만 하는 것은 아니다. 특히 분석하는 문장이 법조문이 아닌 이상 설명이나 언급이 더 직접적인 정의가 될 수도 있다. 저자는 고린도전서가 법조문이 아니라 편지글이라는 장르라는 것을 염두에 두지 않았다. 명확한 정의를 내리는 법조문과는 달리 편지글에서는 이야기의 흐름을 따라 자신의 주장을 펼친다. 바울이 고린도전서 12-14장에 걸쳐서 방언에 대해서 상론하기 때문에 그 전체의 흐름을 따라서 방언에 대한 바울의 생각을 정리하는 것이 옳다. 문장의 형식으로만 판별해서 유일한 방언에 대한 정의 구절이기 때문에 그것을 따라야 한다는 것은 매우 이상한 주장이다.

바울의 이야기 전개를 쭉 따라가면 결론은 14장 마지막 부분에 있음을 알 수 있다. 왜냐하면 바울이 방언에 대한 여러 측면의 논증을 한 다음 추론적으로 결론을 내리기 때문이다. 바울은 여기서 "그런즉"이라는 앞의 내용을 추론해서 결론을 내리는 접속사를 사용한다. 이 접속사 다음에 나오는 말이 바울의 주장의 요약이다. "내 형제들아 예언하기를 사모하며 방언 말하기를 금하지 말라. 모든 것을 품위 있게 하고 질서 있게 하라"(고전 14:39-40). 그래서 바울의 방언에 대한 태도를 알려면 이 구절에서 역으로 추론해서 앞 구절들을 해석해야 한다.

또 대부분의 학자들이 생각하는 대로 바울의 방언에 대한 정의는 14:2에 나타나 있다. 여기에는 방언의 성격이 신자가 하나님께 영으로 기도하는 신비의 언어라고 한 문장에 함축적으로 나타나 있다. 방언에 대한 기본적인 정의이다. 또 14:22은 형식상으로는 방언에 대한 정의 같지만 바울의 수사법을 따라가자면 이것은 통역되지 않고 공적으로 사용되는 방언의 결과에 대한 설명이다. 이 구절은 공적인 방언의 효과 혹은 결과에 대한 것이지 방언의 본질을 설명한 것은 아니다.

성경 교리는 설명하는 부분보다 교훈하는 부분에서 우선적으로 찾아야 하는가?

저자는 존 스토트를 따라 교리는 설명적인 구절에서보다 교훈적인 구절에서 우선적으로 찾아야 한다고 주장한다. 아마도 교훈적인 것이 더 명확하다고 생각하기 때문일 것이다. 하지만 구약 성경 오경을 비롯해서 상당한 부분이 내러티브와 역사라는 장르로 되어 있는데 과연 구약도 이 방법으로 해석해도 되는지 묻고 싶다. 신약도 마찬가지이다. 누가의 기록이 단순한 초대 교회의 역사가 아니라 역사를 전개함을 통해서 자신의 신학을 드러냈다면(대부분의 학자들의 생각이다) 왜 주로 교훈적인 바울에 의해서 해석되어야 하는지 도저히 이해되지 않는 주장이다. 사실 개혁주의적 전통에서는 바울의 신학을 열쇠로 해서 누가 신학, 요한 신학 등을 해석해온 오랜 전통이 있다. 하지만 현대 신약 신학자들은 바울은 바울 되게, 요한은 요한 되게, 누가는 누가 되게 해석해야 한다고 본다. 일단은 각 저자의 입장에서 해석하고 후에 비교와 종합을 할 수 있다. 저자는 성경신학의 기본 입장을 모른 채 매우 교조적인 입장으로 성경을 접근하고 있다. 사도행전에 나타난 방언을 자체의 신학 원리에서 해석하지 않고 고린도전서 14:22의 렌즈를 통해서 보는 것(40)은 좋은 방법이 아니다. 이것은 성경 해석의 기본 원리에도 맞지 않다.

신약 성경 이전에 유대교나 헬라 문화에서 성경과 같은 종류의 방언이 존재했는가?

저자가 증명하지 않고 당연시하면서 중요하게 생각하는 전제 중 하나는 바울과 누가가 방언을 말하기에 앞서 당시에 이방 종교에 방언이 광범위하게 존재했었다는 것이다. 하지만 이 전제는 논증이 필요한 것이다. 당시 이방 신전에서는 방언이 아닌 신탁을 행했다. 신탁은 설명되는 언어로, 방언처럼 모르는 말을 하는 것이 아니었다. 방언은 그 방향이 하나님께, 신탁은 사람에게 향해 있다. 최근 방언이 신약 성경 이전에도 있었는가 하는 문제를 가지고 유대교와 헬라 문헌을 광범위하게 연구한 호벤덴에 의하면 신약의 방언과 같은 것은 이전의 그 어느 문서에도 확인할 수 없다고 한다. 이 분야 연구의 최고 전문가 중 한 명인 터너(Max Turner)도 최근의 논문에서 기독교의 방언은 종교적으로 완전히 새로운 것이었다고 말한다("Early Christian Experience and Theology of 'Tongues': A New Perspective", 31). 나의 개인적인 연구 결과로도 호벤덴의 주장이 옳다고 믿는다. 기독교 이전에 신탁이라는 형태의 광범위한 영적 현상이 있었으나 기도로서의 방언은 바울이 처음으로 말한 것이다.

방언을 사모하는 것은 하나님의 주권을 침해하는 것인가?

저자는 방언을 사모하라는 가르침이 은사는 하나님의 뜻대로 나누어준다는 가르침에 정면으로 도전한 "성경 말씀에 철저히 반대되는 가르침"이라고 주장한다(211). 그리고 성령의 은사를 사모하라는 가르침(12:31; 14:1)에 대해서는 이상한 주석을 적용하여 오히려 은사를 사모하는 것을 꾸짖는 바울의 수사법이라고 한다. 특히 14:1에 "신령한 것"을 사모하라고 할 때, 예언으로만 제한한다. 이 주장은 논리에 심각한 문제가 있다. 신령한 것을 사모하되, 그중에서 특히 예언만을 신령하다고 할 때, 수학적으로 말하면 예언은 신령한 것의 부분 집합인데 어떻게 모든 신령한 것을 포괄할 수 있는가? 바울이 하나님의 은혜로, 믿음으로 말미암아 우리가 구원을 받았다고 말했을 때(엡 2:8) 하나님의 주권을 침해하는 것이 아니듯이, 성령의 은사를 하나님의 주권으로 신자의 사모함으로 받는다는 것도 마찬가지다.

체험과 말씀은 항상 대립구도로 이루어지는 것인가?

이 책을 읽다 보면 저자는 말씀에 의한 방언론을 전개하고, 많은 방언 체험자들은 말씀을 무시한 채 체험에 의해서 방언론을 전개한다고 주장한다. 그런데 방언 이해에 있어서 말씀과 체험의 관계는 간단하고 단순치 않다. 어떤 사람이 영어 문법과 문학을 대학에서 전공해서 박사 학위를 받은 것과 미국에서 1년 살다온 것을 말씀과 체험의 대립구도로 해설할 수 있을까? 미국 체험이 문법과 문학 이해에 도움이 되지 않을까? 또 학문적 문법 이해가 체험하는 데도 용이하게 하지 않을까? 사실 방언이 무엇인지 어떤 체험도 없이 성경 내용의 문법과 정황만 보고 분석하면 가능하다고 주장하지만 (이론적으로), 실제로 성경 해석에 있어서 크리스천들은 반대되는 입장을 주로 취한다. 예를 들어 불신자가 성경을 문법과 정황만 분석하면 올바로 해석할 수 있을까? 나의 대답은 "아니다"이다. 아마도 저자도 같은 생각일 것이다. 또 성경의 저자가 말하는 것은 실제로 체험할 때 더 확실히 다가온다. 하지만 성경의 내용을 잘못 이해할 때 올바른 체험 또한 할 수 없다. 실제로는 말씀과 특히 말씀의 내용의 체험은 역동적이다. 말씀을 올바로 이해하면 말씀의 체험으로 이어지고 또 다른 말씀의 깊은 이해로 인도되며 또한 말씀의 내용을 체험하게 한다.

이상을 통해서 볼 때 저자가 주장하는 본래 방언은 사도 시대에만 한정적으로 주어졌던 것이며, 방언은 모두 실제 외국어였고, 방언은 바울이 혐오했던 것이었기 때문에 현대 방언은 성경의 방언이 아니라는 주장은 그 성경적·논리적 근거가 없다고 할 수 있다. 저자가 논증을 하는 기본 전제들이 거의 맞지 않는다. 저자의 주장이 맞으려면 중명하지 않은 위의 가정이 다 맞아야 하는데 그럴 가능성은 거의 없다고 보아야 한다.

중단되어야 할 주장, 은사 중지설

은사 중지론에 대해서 조금만 관심 있는 사람이라면 저자의 주장이 새로운 것이 아님을 어렵지 않게 알 수 있다. 사실 성경학이나 신학 전문가가 아닌 사람이 미묘한 문제를 자기 혼자의 힘으로 해결했다고 믿는 사람은 아무도 없을 것이다. 워필드나 특히 개핀의 글을 읽어보면 저자가 이들에게서 상당한 정도의 내용과 논리를 빌려왔다는 것을 금방 알아챌 수 있다.

워필드

워필드는 현대 은사 중지론자들의 대부(代父)이다. 그는 1918년에 『모조 기적』(*Counterfeit Miracles*)이라는 제목의 책을 냈는데, 그 내용은 그 책 제목에서 암시하듯이 기적은 사도의 표식이었기 때문에 현대에는 기적은 더 이상 없으며, 현재 교회에서 기적이라고 일컬어지고 있는 것은 모두 모조요 가짜라는 것이다. 그는 사도 시대의 교회의 특징을 기적을 행하는 교회라고 하면서 기적이 이제 중지되었음을 다음과 같이 주장한다(『기독교 기적론』, 12).

교회에서 기적이 일어나는 상태는 언제까지 지속되었을까? 그것은 특별히 사도 시대의 교회를 구별하는 특징이었고, 따라서 철저히 사도 시대에 속했다.

물론 그 기간을 칼로 자르듯 정확히 꼬집어 말할 수는 없다. 이 은사들은 초대 기독교가 자생적으로 얻은 자산도 아니었고, 사도들의 교회나 사도 시대의 그 자체의 자산도 아니었다. 분명히 사도들에 대한 보증이었다. 이 은사들은 하나님께서 교회를 세우라고 권위를 부여하여 임명하신 대리인들로서의 사도들이 지닌 신임장의 일부였다. 그러므로 그 은사들을 분명히 사도들의 교회에 한정시켰으며, 당연히 사도들의 교회와 함께 사라졌다. 우리는 이 사실을 원칙과 실제 모두의 근거 위에서, 즉 그 은사들의 기원과 성격에 대한 신약 성경의 가르침과 그 은사들이 실제로 중단되었음을 시사하는 후시대(後時代) 증거들의 신빙성 위에서 주장할 수 있다.

워필드는 방언을 포함한 기적적인 은사들이 사도들의 사라짐과 함께 사라졌다는 논지를 증명해 간다. 그런데 위의 언명과는 다르게 성경적 근거에 대해서는 지면을 거의 할애하지 않고 기독교 역사에서의 증거에 주로 집중한다. 그것도 당시 전통적으로 기적은 기독교가 로마의 공인 때까지 계속되었다는 주장을 반박하기 위해 이레니우스를 비롯한 2세기 이후의 저작에 나타난 기적이 허위임을 증명하는 데 온 힘을 기울인다. 그래서 존 루스벤(Jon Ruthven)이 잘 지적했듯이 워필드가 기적이 중단되었다는 성경적 근거를 여기저기에서 간헐적으로 제시함은 아이러니가 아닐 수 없다(On the Cessation of the Charismata: The Protestant Polemic on Postbiblical Miracles, 194). 또 2세기 이후의 기적을 평가하는 것도 매우 자의적이다. 나는 워필드의 책을 읽으면서 기적은 사도들의 표적이었기 때문에 그쳤다는 결론을 미리 내려 놓고, 나머지 모든 것은 기적이 아니었음을 억지로 증명해 간다는 인상을 지울 수 없었다. 2세기 이후에 기적이 없었다는 그의 판단이 옳다 해도, 그것이 기적은 사도

성의 표식이었기 때문에 지금은 그쳤다는 증거가 되지는 못한다.

개핀

기적의 지속성 여부에 관해서 워필드의 논지를 그대로 따르면서 이에 관한 성경적 근거를 보다 면밀하게 제시한 이는 미국 웨스트민스터 신학대학원 교수였던 개핀이다. 그는 "신약 성경의 교훈을 종합해 보면 예언과 방언은 그리스도의 재림 전에 중지되었으며 사실 이미 중지되었다는 결론을 내릴 수밖에 없다"고 한다(『성령 은사론』, 103). 방언 중지론에 대한 그의 주장이다.

> 첫째, 사도의 직분은 단회적인 것이다. 둘째, 사도들의 임무는 교회의 초석을 놓은 것이었다. 이들은 교회의 창설사역을 담당했는데 사도들은 계시를 받아서 전한 사람들이었다. 셋째, 예언자들(엡 2:20)도 사도들과 함께 교회의 기초다. 넷째, 방언은 계시 기능을 발휘한다는 면에서 예언과 직결된 것이기 때문에 교회 창설을 위한 은사의 하나다(『성령 은사론』, 103-118). "따라서 방언은 예언과 함께 교회 생활에서 철수되었다. 방언은 사도직과 연결되어 있던 모든 다른 창설기의 은사들과 함께 철수되었다"(『성령 은사론』, 118).

위와 같은 세대주의적 방언 이해는 서구의 일부 복음주의 단체에서는 교리적 근거로 고수되고 있지만, 한국교회에서는 드물다. 왜냐하면 방언이 교파를 초월하여 한국교회 안에 광범위하게 나타나기 때문에 혹시 방언 소극 인정론은 펼칠 수 있었을지라도 방언 중지론은 펼치기는 어렵기 때문이다. 그래서 개핀의 위 책을 번역 소개한 권성수 교수는 역자 서문에서 자신이 이 책을 소개함으로써 신학계와 교계의 비판을 받을 것을 미리 두려워하여 다음과 같이 본서의 내용을 비판적으로 받아들일 것을 권하고 있을 정도다. "이 책이 조국 교계에 다소 물의를 일으킬 가능성이 있음도 솔직히 시인한다. 특히 예언과 방언이 사도 시대에만 있었고 지금은 없다는 이 책의 결론이 조국 교계의 전통적인 입장에 대한 도전이 될 수도 있다고 본다." 권 교수는 "그의 결론을 전적으로 받아들이자는 것이 아니라"고 한다(『성령 은사론』).

개핀을 비롯한 세대주의자들은 사도직의 일시성이란 문제에서 방언의 은사 문제를 시작한다. 이 문제는 사실 논란이 많은 문제이다. 바울이 이해한 사도직이 일시적인 것이 아님이 증명된다면 사실 세대주의의 방언 이해는 설 자리가 없다. 예수님의 12제자가 기독교 역사에 있어 독특한 위치라는 점에서 이 자리는 그 후에 계속되지 않는 자리임은 분명하다. 하지만 그것을 은사로서의 사도직 혹은 교회 직책으로서의 사도직과 혼동해서는 안 된다. 성경은 사도를 예수님의 12제자로만 한정하지 않는다. 바울은 예수께서 부활하신 후 12제자에게 나타나셨고 그 후에 "모든 사도"에게(고전 15:7) 나타나셨다. 12제자에 속하지 않은 "사도"가 있었던 것이다. 또 "거짓 사도"라는 말이 나오는데, 사도를 12사도로 한정하면 12사도 중에 거짓 사도가 있다는 말이 된다. 또 알려진 바와 같이 12사도 이외에 사도로 호칭된 인물로 바울과 바나바 등이 있는 것으로 보아, 교회 시대의 직분으로서 주어진 것임을 알 수 있다.

그런데 개핀은 사도직을 초대 교회의 창설을 위해서만 주어진 일시적인 직분 혹은 은사라고 한다. 우선 신약 성경 중에서 어떤 저자도 구약 시대, 예수 시대, 교회 시대 이외에 어떤 시대 구분도 하지 않았음을 기억하라. 교회 시대 안에 사도 시대가 있다는 설정은 성경적이라기보다는 오히려 후대의 경험으로 그때는 성령이 독특하게 역사하셨다고 생각한 것에서 기인했다. 성경 자체는 전혀 이에 관해서 일언반구도 언급하지 않고 있다. 사실 신약 성경 저자들이 사도 시대라는 시대를 설정했다는 주장은 원천적으로 맞지 않다. 왜냐하면 대부분의 신약 성경 저자들은 예수의 재림 약속이 자신의 생애나 혹은 곧 이어지는 세대 속에서 일어난다고 생각했기 때문이다. 사도 시대 이후에 성령이 주어지고, 이천 년 동안 교회 시대가 지속되리라고 생각한 사람은 아무도 없었던 것이다.

설혹 사도직이 일시적인 은사이고 단회적인 것이라고 해도 그 사실이 어떻게 자동적으로 초자연적인 은사들의 중지를 의미할 수 있는가? 개핀은 사도직을 수행하기 위한 방편 혹은 표지로 은사들이 주어진 것이라고 한다. 하지만 그것은 성경 저자가 전혀 말하지 않은 것이다. 단지 사도직의 일시성이라는 주장에서 추론한 주장일 뿐이다. 이 바탕 위에서 방언의 은사가 중지되었단 주장은 성경적 근거가 없다. 방언과 예언이 언급된 고린도전서 12:7에서 이 은사가 주어진 목적은 "공동의(혹은 공동체의, 교회의) 유익을 위한 것이다"고 했는데, 은사의 지속성은 교회 시대를 통해서 계속된다고 보는 것이 가장 자연스럽다. 교회 공동체의 유익을 위한 은사들이 왜 중지되는가? 은사는 교회와 운명을 같이하는 것이다. 그래서 고린도전서 13:8의 "예언도 폐하고, 방언도 그치고"라는 말은 대부분의 신약학자들처럼 종말론적으로 해석하는 것이 옳다. 사도직분과 연관시키는 것은 억지이다.

세대주의자들은 방언이 그쳤다고 한다. 그렇다면 지금 전 세계 교회적으로 나타나는 방언은 무엇일까? 현재 교회에서 행해지고 있는 방언의 출처는 어디일까? 세대주의자들이 도달할 수 있는 결론은 자명하다. 만약 이것이 사도 시대 종결과 함께 중지된 것이라면 현재 행해지고 있는 방언은 인위적이든지 혹은 사탄적이라고 말할 수밖에 없다. 패커는 현재 행해지고 있는 방언이 인위적이라고 주장한다.

> 감정적인 흥분이 동반되기도 하고 그렇지 않기도 하면서 어떤 사람의 삶에서 즉흥적으로 시작되기도 하지만, 방언은 정상적으로 배워지는 것이다(턱과 혀를 느슨하게 하고 의미 없는 구절들을 말하며 그저 나오는 소리들을 하나님을 찬미하는 것같이 내뱉는다). 이 방법을 통하여 사실 방언은 '익혀지는' 것이다. 우리가 원한다면 방언하기는 그리 어렵지 않다(『성령을 아는 지식』, 274).

현재 행해지고 있는 방언에 대해서 세대주의자들의 또 한 가지 평가는 사탄적 혹은 마귀적이라는 것이다. 방언이 강신술과 연관되어 있다고 본다. 팔과 몸의 진동이라든가 호흡하는 자세라든가 "그 권세 아래 있는 상태에 대한 묘사(예를 들어 몸 전체에 통하는 전기의 흐름)"가 동일하다는 것이다(Robert G. Gromacki, 『현대 방언운동 연구』, 66). 월부워드는 "전부가 그렇지는 아니할지라도 현대의 방언이 심리적이며 마귀적 활동에 연유한 것이라는 증거는 말할 수 있을 것"이고 주장한다(『성령』, 242).

왜 방언의 출처가 인위적이라든가 사탄적이라는 주장이 나왔을까? 이 문제 자체를 심도 있게 연구해서 얻은 결론이라기보다는 이 주장의 어쩔 수 없는 논리적 귀결이다. 방언의 은사가 신적 기원을 가진 것이 아니라면 두 가지 중 하나라고 밖에 설명할 길이 없다. 즉 인위적이든지 사탄적이라는 것이다. 하지만 이 결론은 처음부터 방언에 대한 이해가 잘못 설정된 데서 근원한 것이다. 방언은 사도의 표적도 아니요 내용이 계시도 아니다. 신자가 하나님께 성령의 도움을 받아 배우지 않은 언어로 기도하는 것이다. 한마디로 말해, 사도성의 일시성에 근거해서 여러 가지 후속 논법에 의해 주장된 은사 중지론은 그 성경적 근거가 없는 주장이라 하겠다.

평가

옥성호의 『방언, 정말 하늘의 언어인가?』는 그 주장으로 볼 때 한국 사람이 쓴 것으로는 매우 이례적이다. 그동안 우리 학자나 신자들이 방언에 대해서 취했던 입장이 주로 소극적 인정론의 입장이었다면 이 책은 은사 중지론의 입장을 직접적으로 펼친 책이다. 사실 은사 중지론의 입장은 해외에서는 많이 주장되고 비판되기도 했다. 다만 전문가가 아닌 사람이 일반 신자들을 위해서 쓴 것이라는 데 학문적 토론의 한계가 있다. 학자들이 같은 입장을 취하고 있다면 자신의 입장을 논문과 연구서적의 형태로 출판해서 보다 활발한 토론이 있기를 기대한다.

이 책은 논지가 분명하고 대체적으로 나름대로의 논리의 일관성을 가지고 있는 책이다. 저자가 아마추어로서 상당한 정도의 책을 읽었고 이를 이해하고 자신의 논지로 일관성 있게 한 권의 책을 썼다는 것은 놀라운 일이 아닐 수 없다. 비록 나는 저자의 논지와 구체적인 논조에 대부분 동의하지 않지만 방언 문제를 심각하게 생각하는 사람이 꼭 일독해야 할 책이라고 생각한다. 저자가 비전문가로서 성경의 주석 문제를 논할 때는 자신의 주장에 대해서 약간 더 겸손하게, 열린 태도를 취했더라면 더 좋았을 것이라는 생각이 든다.

무엇이 방언에 대한 평가를 다르게 하는가?

성경에는 방언이 나온다. 누가는 초기 교회에 일어난 방언 사건을 기록하고 있고, 바울은 고린도교회의 문제의 하나로서 방언을 언급한다. 그런데 앞에서 보아온 대로 방언에 대한 평가가 사람마다 다르다. 때로는 그 평가가 극과 극이다. 김우현의 『하늘의 언어』와 옥성호의 『방언, 정말 하늘의 언어인가?』가 이를 잘 대변해 준다고 하겠다. 김우현은 바울이 말하는 방언은 성령이 각 신자에게 주시는 기도의 언어요 하늘의 언어라고 한다. 반면 옥성호는 방언은 사도의 표식이었기 때문에 사도들이 사라짐과 함께 방언은 중지되었고 당연히 지금 교회에서 이루어지고 있는 방언은 신적 기원을 갖고 있지 않다고 한다. 방언은 하늘의 언어이기는 하지만 제한적 기능을 가진 것으로 바울이 그렇게 높게 평가하지 않은 은사라고 생각하여 중간 지대를 가는 사람들도 있다.

기적 해석과 방언 평가

같은 성경 본문을 읽는 사람들이 무엇 때문에 방언에 대한 평가를 극도로 다르게 하는가? 물론 기본적으로는 성경 주석과 해석의 차이에서 발생한다. 그런데 성경 주석의 차이는 대개는 보수와 진보의 입장이다. 성경을 무오한 하나님의 말씀으로 보려는 보수 진영과, 성경의 문자를 넘어 그 역사를 캐내어 진실을 밝혀보려는 진보 진영 사이에는 성경 해석이 근본 전제부터 다르다. 더욱이 구체적인 본문의 주석과 해석에 있어서는 해석상의 차이가 극명하게 드러난다.

그런데 보수 계열에서, 모두 성경을 하나님의 완전한 말씀으로 믿는 사람들에게서 방언에 대한 평가는 왜 또 다를까? 물론 여기에서도 성경 해석에 있어 어떤 한 측면에서의 전제가 달라서일 것이다. 방언에 대한 해석에 영향을 미치는 전제로는 기적에 대한 입장이다. 기적이 지금도 계속되고 있는지 여부이다. 자유주의자는 성경에 나오는 자연 법칙에 어긋나는 기적은 믿으려 하지 않고 비신화화해서 나름대로 재해석한다. 보수 계열은 두 가지로 갈린다. 한 파에서는 예수님과 그 제자들의 기적은 사실이지만, 이제 더 이상 기적은 없다고 한다. 그 이유는 기적은 특수한 시대에 특수한 사람들에게 일시적으로 주어진 것이라고 보기 때문이다. 이 분야의 대부는 『기독교 기적론』을 저술한 워필드이다. 그의 말을 그대로 들어보자.

> 성경에서 기적들은 합당한 이유 없이 여기저기 무분별하게 나타나지 않는다. 기적들은 계시 시기에 속하며(나타나며), 오직 하나님께서 친히 보내신 사자(使者)들을 통해서 자기의 은혜의 목적을 선포하시며, 그분이 백성에게 말씀하고 계실 때만 나타난다. 사도 시대 교회에 기적들이 풍성하게 나타났던 사실은 사도 시대가 계시를 풍성히 받았다는 표증이다. 그리고 이 계시 기간이 종결되었을 때 기적의 시기도 당연히 지나가버렸다(34-35).

워필드가 논증하는 중요한 사항은 기독교 역사상 사도 시대를 제외하고는 기적이 없었다는 것이다. 사도 시대 이후에도 기적이라는 표현으로 여러 문서에 많은 일이 기록되어 있지만 꼼꼼히 따져보면 어떤 것도 기적이 아니었다는 것이다. 이와는 반대로, 예수와 바울과 베드로가 행했던 기적의 역사가 오늘날에도 계속되고 있다고 믿는 사람들이 있다. 물론 이상한 믿음은 아니다. 특히 샤머니즘의 세계관이 지배하고 있는 우리 문화에서 현재에 기적이 없다는 것은 오히려 잘 이해되지 않는다. 그래서 워필드의 책이 서양의 기독교를 강타할 때도 한국교회는 거의 아무런 영향을 받지 않았다. 하지만 우리 문화도 점차 서구화되어 가면서 이제 자연과학적으로 기적을 당연시하기가 어려워졌다. 한국교회에도 기적 중지론, 초자연적 은사 중지론이 등장하고 있는 것이다. 그래서 방언 중지론, 방언 사탄 기원론은 모두 이 기적에 대한 입장의 차이에서 발생한다.

방언 체험 유무와 방언 해석

그 다음으로 방언에 대한 평가를 다르게 하는 중요한 요소는 실재로 방언을 체험했는가 여부이다. 방언 체험 유무가 방언에 대한 평가를 대부분 결정한다고 해도 과언은 아니다. 그러나 방언을 객관적으로 평가하기 위해서는 체험하기보다는 오히려 한 발짝 물러서서 바라보아야 하지 않을까? 사실 체험자들의 주장이 성경적 근거가 없는 경우가 있다. 방언에 대한 해석이 성경의 어떤 말씀에 근거한 것이 아니라 반대로 자신이 개인적으로 체험한 것을 일반화해서 성경적 원리로 만들려고 한다. 또 부족한 성경 지식을 체험으로 메우려고 하는 경우도 있다.

가이드포스트 사의 저명한 기자였던 쉐릴(John L. Sherrill)은 당시 기독교의 제3의 세력이라는 이름으로 오순절 운동을 취재하다가 방언을 체험했다. 그리고 이렇게 고백한다.

나는 방언의 관찰자가 되려고 하였는데 그만 그 땅에 참여하게 되었습니다. 내 자신이 객관성을 상실한 그들의 동료가 된 것입니다. 내가 쓰는 글의 어투가 달라진 것을 느끼지 않을 수 없었습니다. 나는 이제 더 이상 상술하는 데서 끝맺고 싶지 않습니다. 이제 나는 사람들에게 촉구하고 함께 토론하며 그들을 설득시키고 싶어졌습니다. 그러니 원고를 밀어 두고 내가 사고의 균형을 찾을 때까지 기다릴 수밖에 없었습니다. 아니면 영원히 중단된 채로 놔두어야 할 것입니다(『방언을 말하는 사람들』, 230).

지금까지 나는 1991년도에 『성령 운동의 제3물결』이라는 책에서 방언에 대한 글을 쓴 이후에 오랫동안 방언을 연구해 왔다. 성경학자로서 신약 성경의 방언 구절 주석을 했고, 이에 관한 여러 주석서들을 읽었으며, 방언에 관한 여러 연구서와 논문과 간증적 신앙 서적을 읽었다. 그리고 방언에 대한 여러 입장을 이해할 수 있었다. 그런데 방언에 대한 평가는 그 사람의 방언 체험 유무와 거의 일치했다. 예외는 없었다. 방언 기도를 날마다 하는 사람치고 방언이 그쳤다거나 방언을 반대하는 사람은 한 사람도 없었다. 물론 방언을 하면서 방언이 사라졌다고 하는 것은 논리적으로 맞지 않지만 말이다. 또한 방언 중지론자, 방언 폐기론자들은 거의 예외 없이 방언 체험이 없는 사람들이었다. 우리는 성경의 방언을 해석한다고 하지만 사실은 자신의 체험을 해석하여 성경 본문에 대입하고 있지 않은가? 저명한 바울 신학자인 리처드 헤이스는 고린도전서에서 방언에 관한 주석을 하면서 방언을 해석하는 데 있어서 자신과 자신이 속한 교회 공동체의 경험이 직접적으로 영향을 미친다고 말한다. 자신이나 자신이 속한 교회(혹은 교파)에서 이를 부정적으로 말하면 영향을 받기 쉽다는 것이다. 물론 그 역도 마찬가지다(First Corinthians, 234).

제 5 장
방언 체험은 말씀 체험이다

tongue

오늘의 화두, 방언

2007년부터 방언이 우리 교계에 새로운 화두로 떠오르고 있다. 방언을 긍정적으로 다룬 김우현 감독의 『하늘의 언어』와 그것을 반박하는 내용인 옥성호의 『방언, 과연 하늘의 언어인가?』가 각각 신앙 서적 베스트셀러에 올랐다. 최근에는 방언 중지론을 주장하는 옥성호의 원류 격인 존 맥아더의 『무질서한 은사주의』(원제: Charismatic Chaos)가 출판되어 역시 독자들의 관심을 받고 있다. 그는 복음주의적 설교가로서 세계적인 명성을 얻고 있는 목사로서 우리 교계에도 널리 알려진 인물이다. 이런 사람도 방언이 중지되었다고 주장하는 것을 보면 독자의 입장에서는 방언 중지론을 심각하게 생각해 보아야 하겠다는 생각이 들 것이다. 방언이 중지되었다고 하는 주장은 처음에는 이상하게 들렸다가, 익숙해지면 그럴 수도 있겠구나 하는 생각으로 바뀔 수 있다. 이에 존 맥아더의 주장을 중심으로 방언 중지론을 다시 한 번 비판적으로 검토해 보려고 한다.

존 맥아더의 방언 중지론

이 주제에 관해서 존 맥아더가 획기적으로 새로운 주장을 하는 것은 아니다. 그는 워필드, 개핀 등을 따라서 방언 중지론 입장에 서 있다. 그의 주장은 다음과 같다.

바울은 방언을 규제하려고 했었다

방언론에서 가장 중요한 것은 바울의 방언관을 어떻게 이해하고 있는가이다. 바울이 방언을 긍정적으로 생각했다고 하는 사람과 부정적으로 생각했다고 보는 사람은 그 이후의 판단에서 영향을 받는다. 방언 중지론적 입장에 서 있는 사람들은 대개 바울이 방언을 부정적으로 평가했었다고 생각한다. 존 맥아더도 예외는 아니다. 그는 방언의 은사가 은사 중에서 본래 "열등한" 것이었다고 주장한다(371). 방언은 교회를 세우지 않고 자기 자신을 세우는 데 악용될 가능성이 농후한 은사라는 것이다. 그래서 바울은 고린도교인들이 좋아하는 방언을 규제하려고 고린도전서 12-14장을 쓴 것이라고 한다. 그는 바울이 방언 자체를 비난한 것은 아니라고 말하기도 하지만(360) 그의 글의 전반적인 기조로 볼 때 방언을 부정적으로 평가하기 위한 예비 단계로 행한 '립 서비스'(lip service)에 불과하다. 존 맥아더는 바울이 방언의 은사를 그렇게 높이 평가하지도, 또 사용하기를 권장하지도 않았다고 한다. 바울은 고린도전서 14장에서 방언을 사적으로 사용하여 자신의 유익을 취하는 사람들을 책망하고 있다고 한다.

방언의 은사는 그쳤다

존 맥아더는 바울이 방언을 높게 평가하지도 않았을 뿐만 아니라 지금은 방언도 그쳤다고 한다. 고린도전서 13:8에 있는 "방언도 그치고"라는 말씀이 실현되었다는 것이다. 그는 방언이 그쳤다는 증거를 다음과 같이 세 가지로 든다. 첫째, 방언은 기적적·계시적 성격의 은사인데 이 은사는 사도성의 표시였고 따라서 사도 시대의 종결과 함께 방언은 사라졌다. 둘째, 방언은 불신앙의 유대인들에게 표적으로 사용하기 위해 주어진 은사였기 때문에, 이제 이방인을 포함하는 신학을 펼치는 새 시대에는 더 이상 필요 없다. 셋째, 역사적으로도 방언이 그쳤음이 입증된다. 신약에서 초기에 기록된 책에만 방언이 언급된 것은 방언이 그쳤기 때문이다. 또 그 후 교회사에서 볼 때도 방언은 그친 것이 입증된다(368-375).

현재 교회에서 나타나고 있는 방언은 가짜다

방언이 사도 시대 종결로 그쳤다면 지금의 방언은 무엇인가? 그 논리적 귀결은 현재 행해지고 있는 방언은 가짜라는 것이다. 특히 존 맥아더는 바울이 말한 방언은 본래 언어였다고 주장한다(이 주장은 대다수의 학자들의 지지를 받지 못한다). 언어학적으로 분석해 본 결과 현재 행해지고 있는 방언은 언어가 아니라는 것이 입증되었으므로 현대의 방언은 다 가짜일 수밖에 없다고 한다. 사탄으로부터 기원했거나 아니면 심리적

이상 상태에 의한 행동이거나 아니면 단순히 학습된 것이라고 주장한다(379-389).

방언은 성경이 아니라 체험에 근거한 것이다

현재 방언이 있다고 하는 사람들과 방언을 체험한 사람들은 무엇에 근거해서 방언을 긍정하는 것인가? 존 맥아더는 성경에 근거한 것이 아니라 단연코 체험에 근거한 것이라고 한다. 흔히 방언을 올바로 이해하려면 체험해야 한다고 하는데, 존 맥아더는 이 주장 자체가 말씀에 근거한 것이 아니라 체험으로 말씀을 이해하려는 전형적인 태도라고 본다(17-18). 그는 방언을 하는 은사주의자들의 잘못된 체험에 의한 주장을 길게 열거하면서 말씀에 근거하지 않고 체험에 의한 근거는 잘못되었다고 주장한다. 은사주의자들이 방언을 비롯해서 여러 가지 은사와 기적이 현대에 있다고 주장하는 것은 완전히 체험에 근거한 주장이라고 한다.

존 맥아더의 은사주의자들에 대한 평가는 매우 극단적이다. 그는 은사주의자들을 말씀을 완전히 도외시하고 개인 체험을 말씀 위에 놓은 매우 위험한 집단이라고 한다. 그는 은사주의를 성경을 통해 경험을 검증하지 않고, 대신에 경험으로 성경을 검증하는 오류를 범하고 있는 집단이라고 평가한다(15). 그는 은사주의자들을 다음과 같이 평가한다.

✚ 대부분의 은사주의자는 (그들이 자신에게 정직하다면) 성경이 아닌 개인적 경험이 자신들의 신념 체계의 기초임을 인정할 수밖에 없을 것이라는 점에는 별로 의문의 여지가 없다(26).

✤ …일반적으로 은사주의자들은 성경을 체험에 맞추려고 애쓰거나 여의치 않으면 그냥 성경을 무시한다(31).

✤ 은사주의자들이 오류에 빠지는 이유는 참된 체험이란 진리에 대한 반응으로 일어난다는 점을 이해하기보다는 자신들의 가르침을 체험 위에 구축하려는 경향이 있기 때문이다(27).

✤ 은사주의자들은 체험을 자신들의 실제적 근거로 삼으면서 그와 동시에 성경을 붙들려고 하기 때문에 심각한 모순에 사로잡힌다(52).

✤ 오늘날에도 체험을 극단적으로 강조하는 은사주의 운동 내의 많은 사람은 위험스러울 만큼 신종 바알 신앙에 가깝다(58).

존 맥아더는 "하나님의 말씀보다 체험을 더 추구해선 안 된다. 모든 체험은 성경의 확인과 검증을 받아야 한다"(50)고 주장한다. 그는 은사주의자들의 발흥에 대해서 종교개혁자들이 주창한 이른바 '오직 성경'(sola Scriptura)을 재천명해야 함을 느끼고 있다. 그는 신앙이 체험에 근거하는 대신 건전한 교리에 근거해야 함을 역설한다(61).

방언을 주장하는 자들은 대개 우둔한 사람들이다

그러면 은사주의자들은 바울이 추천하지도 않았고, 지금은 그쳤으며, 사탄적이거나 인위적이며 단순히 개인 체험에 의한 방언을 왜 주장하는가? 존 맥아더의 대답은 단순하다. 이들은 우둔하기 때문이다. 그는 은사주의자들을 "열심이지만 우둔한"(53) 사람들이라고 한다. 또 은사주의자들은 "반(反)지성주의"를 따른다고 한다. 그는 오순절주의자들을 기독교의 의붓자식이라고 한 패커를 따르고 있는 것이다.

체험에 근거한 존 맥아더의 주장

한마디로 말해, 존 맥아더의 『무질서한 은사주의』에서 그의 방언에 대한 주장의 근거는 매우 미약하고, 문헌의 인용에서도 균형을 잃었다. 그가 은사주의자들의 오류라고 제시하는 예들은 매우 극단적인 것으로 보편적인 은사주의자들의 주장이나 일상이 아니다. 그의 주장이 성경적 근거가 없다는 것을 다음과 같이 지적한다.

방언을 말하는 사람은 모두 '은사주의자들'인가?

존 맥아더는 온갖 허무맹랑한 주장을 하는 사람들을 열거하면서 이들을 은사주의자들에 포함시킨다. 저자가 말하는 은사주의자들이란 대체 어떤 자들인가? 그는 무엇이든지 성경에 근거하지 않고 허무맹랑한 체험을 이야기하는 이들을 여기에 다 포함시킨 것 같다. 천국에 갔다 온 이야기로 우리에게도 익숙한 펄시 콜레(Percy Collett) 박사도 이 범주에 포함시키다니, 정말로 아연실색하지 않을 수 없다(28ff.). 어떻게 그 사람과 성경 말씀에 따라 은사의 지속성을 주장하는 건전한 신앙인을 동일선상에 놓을 수 있는가? 저자는 초자연적 은사가 지금도 계속된다고 믿는 사람들은 모두 은사주의자로 규정한다. 아브라함을 위대한 사람이었다고 믿는 사람은 모두 같은 신앙을 가진 사람으로 규정하는 것과 비슷한 이치이다. 저자는 은사주의자들을 보다 명확하게 규정해야 했다. 성경적으로 지금도 성령의 은사가 지속된다고 믿고 그것을 체험하려는 사람들과, 허무맹랑하게 자신의 체험만을 이야기하는 사람과는 전혀 다른 입장인 것이다.

방언 중지론은 정말 성경에 근거한 주장인가?

　바울이 방언에 대해서 어느 정도 혐오감을 갖고 있었고, 방언이 이제 그쳤으며, 현재 행해지고 있는 방언은 모두 가짜라는 존 맥아더의 주장은 전혀 새로운 것이 아니다. 전형적인 은사 중지론자들의 주장이다. 하지만 위 주장 중 그 어느 것도 성경적으로 확증할 수 없다. 바울은 방언 혐오자도 소극적 인정자도 아니었으며 방언 자체에 대해서 긍정적인 생각을 가진 사람이었다(본서 제6장 참조). 방언이 성령의 은사의 하나라면 어떻게 부정적인 것이라고 말할 수 있는가? 성령의 선물이 어떻게 그 자체로 부정적인 것이 될 수 있는가?

　또 방언이 계시적 성격의 은사이기 때문에 사도들의 사라짐과 함께 그쳤다는 방언 중지론자들의 고전적인 주장도 성경적 근거가 전혀 없다. 우선 바울은 성령의 은사 중 계시적인 성격의 은사를 따로 분류한 적이 없다. 설혹 지금 방언 은사의 성격을 분석하더라도 계시 성격의 은사가 아니다. 방언이 통역되면 계시적 성격을 가진다고 하지만 방언의 성격을 완전히 오해한 말이다. 방언은 신자가 성령의 인도함에 따라 사람이 알아들을 수 없는 발음으로 하나님께 기도하는 것으로 계시의 방향과는 반대 방향이다. 계시가 되려면 하나님께로부터 사람에게로 와야 하는 것이다. 또 기적적인 은사는 사도성의 표시였기 때문에 그친 것이라는 주장도 바울의 가르침이 아닐 뿐 아니라 "나를 믿는 자는 내가 하는 일을 그도 할 것이요 또한 그보다 큰일도 하리니"(요 14:12)라는 예수의 가르침을 정면으로 배격하는 것이다. 이들은 기적은 사도들에게만 한정되었고 다른 것은 후대의 모든 제자들도 똑같이 적용하라고 주어졌다고 하는데 신약 성경 자체에서 명시적으로 전혀 언급된 사항이 아니다. 그냥 임의로 해석한 것이다. 자기들의 현재 신앙에 부합하는 것은 영속적인 것으로, 그렇지 않은 것은 사도성의 표시였기 때문에 그친 것이라고 주장하는 판국이다.

또 워필드를 따라 서기 58년 이후에는 기적이 없었다는 주장은 너무도 자의적이다. 그 이후에 이레니우스의 글을 비롯해서 여러 문서에 많은 기적이 기록되었지만 잘못된 판단으로 치부한다. 특히 요한문서, 야고보서, 후대 바울서신에 방언이 기록되지 않았기 때문에 방언이 그쳤다는 주장은 성경을 완전히 곡해한 것이다. 만약 이런 식으로 성경을 해석하면, 요한복음에는 교회라는 말이 나오지 않으니 요한은 교회를 부정했던 자요, 요한복음과 요한일서에 많이 언급되던 성령이 요한이서와 삼서에는 더 이상 나오지 않으니 요한이서와 삼서의 저자는 성령 부정론자라고 해야 할 것이다.

방언 체험자는 단순히 체험에 의해 방언을 이해하는 것인가?

존 맥아더의 주장 중 가장 눈여겨보아야 할 것이 체험에 대한 부분이다. 은사주의자들의 주장은 체험적이고, 자신의 주장은 성경적이라는 것이다. 성경에서 근거를 찾을 수 없는 것을 주장한다면 말씀이 아니라 체험에 의한 주장이라고 할 수 있다. 하지만 성경에 나오는 방언을 체험한 상태에서 방언을 연구하는 것이 체험적인 주장인가? 이에 대해 존 맥아더는 그렇다고 말하는 것 같다. 거듭난 체험을 한 후에 성경을 해석하는 것은 말씀에 의하지 않고 체험에 의한 것인가? 아니다. 오히려 우리는 거듭난 체험이 있어야만 성경을 제대로 볼 수 있다.

그러면 성경에 나오는 초자연적 은사에 대해서 누가 올바로 이해할 수 있을까? 첫째, 방언을 체험했지만 성경을 전혀 연구하지 않고 자신의 개인적 체험에 의해서만 방언의 성격을 규정하는 사람. 둘째, 성경을 매우 정교하게 연구하는 자로서 방언을 체험하고 이에 관한 성경 구절을 연구하는 사람. 셋째, 방언을 체험하지 못한 상태에서 방언의 성경적 근거를 연구하는 사람. 존 맥아더는 이 중 첫 번째 사람과 두 번째 부류의 사람을 구분하지 않으며, 자신은 세 번째에 속한 사람으로서 방언을 올바로 이해하고 있다고 한다. 하지만 이것은 성경 이해의 기초를 부정하는 것이다. 기독교 진리는 성경 진리의 모든 것을 체험하기 전에 먼저 연구해서 확증해야 하는 것은 아니다. 때로는 체험하고 성경을 배울 수도 있고, 체험으로 인해 말씀이 말씀의 본래 자리대로 보일 수도 있다. 방언을 체험하고 성경에 나오는 방언을 연구하는 것은 말씀을 무시하고 체험적으로만 방언을 보는 것은 아니다.

우둔한 사람들만 방언을 주장하는가?

마지막으로 존 맥아더가 은사주의자들을 우둔한 사람들이라고 표현한 것은 동료 크리스천에 대해서 지나치게 모멸적인 언사를 행한 것이다. 물론 은사를 체험한 사람들이 전반적으로 민초 출신이 많았기 때문에 엘리트 의식을 가진 존 맥아더의 눈에는 그렇게 보였을 것이다. 하지만 설혹 사실이라고 해도 동료 크리스천을 "바보들"이라고 몰아붙이는 것은 성숙한 신자의 행동이 아니다. 예수님을 따랐던 사람 중에 갈릴리 출신 민초들이 많았지만 예수님도 또 어떤 신약 성경 저자도 이들에게 "우둔한" 혹은 "반지성적인"이라는 낙인을 찍지는 않았다. 그리고 현재는 은사를 체험하고 긍정적으로 평가하는 사람들 중에는 "우둔한" 사람들만 있는 것은 아니다. 국내외적으로 은사를 체험한 사람들 중에는 고도의 전문적 학문을 하는 사람들이 많이 있다. 이 비판은 적절하지도, 더 이상 유효하지도 않다.

누가 체험에 의한 주장을 하는 자인가?

은사주의자들을 체험주의자들이라고 보는 것은 대단한 오해요 곡해다. 사실 은사주의자들이야말로 말씀 중심주의자들이다. 왜 성령의 은사를 주장하는가? 그 이유는 단순하다. 성경에 있고 지금도 계속되고 있기 때문이다. 은사주의자들은 성경을 문자 그대로 믿는 사람들이다. 세계적인 은사운동가인 라인하르트 본케(Reinhard Bonnke)는 성령의 은사를 논하는 『강력한 성령의 나타남』이라는 최근의 저술 서문에서 은사주의자들의 입장을 잘 대변한다. "계속해서 성경은 우리의 최종 권위이다"(6). "경험에 대한 도전은 성경에서부터 나와야만 한다. 경험이 성경을 도전해서는 안 되며, '일어난 사건'에 꿰어 맞추어도 안 된다"(7). 오순절 운동의 시작은 베델 신학교에서 성경을 연구하다가 일어난 것이다. 체험을 하고 그것을 성경적으로 설명해 보려는 것이 아니었고, 성경을 연구하면서 전체 학생들이 깨달은 것을 체험하게 된 것이다.

오히려 나는 존 맥아더야말로 체험에 의한 주장을 하고 있다고 본다. 그는 그의 책 제1장 "경험은 진리의 타당한 기준인가?"라는 장을 마무리하면서 체험이 아니라 건전한 교리에 신앙이 확립되어야 한다고 말한다. "참된 체험은 건전한 교리에서 생겨나야 한다"는 것이다(61). 그는 성경과 그가 말하는 "건전한 교리"를 거의 동일선상에 놓는 것 같다. 그는 체험 대 말씀을 외치지만, 사실 그의 책을 읽으면서 내가 받은 인상은 (자신이 믿고 있는) 교리 대 (자신이 믿고 있지 않는) 체험을 논하고 있다. 존 맥아더는 칼빈-워필드-개핀-패커로 이어지는 칼빈주의적 은사 중지론의 교리를 믿고 있고, 그것에 따르지 않는 것을 체험에 의한 주장이라고 한다. 교리란 시대와 사람에 의해 형성된 그 시대의 성경 해석이다. 개인적인 것이라기보다 어느 정도 집단적이고 또 시간의 검증을 거쳤기 때문에 특정한 체험에 근거한 것보다는 건전하다. 하지만 교리는 여전히 말씀 자체와는 구별된 것이다. 교리는 어떠한 경우에도 말씀의 검증을 새롭게 받아야 하며, 말씀에 따라 새로워져야 한다. 교리를 신봉하는 것은 사실 오랫동안 지속된 집단 경험인 전통을 신봉하는 것이다. 아이러니하게도 교리를 신봉하는 사람은 은사주의자들이 아니라 바로 존 맥아더류의 은사 중지론자들이다. 내가 보기에는 은사 중지론자들은 말씀 자체보다도 전통과 교리를 더 중시하는 체험에 의한 주장을 하는 사람들이다.

말씀과 성령

존 맥아더의 책에서 제기된 문제 중에 우리가 중요하게 생각해 보아야 할 문제가 있다. 어떻게 말씀이 해석자에게 올바로 이해되는가 하는 것이다. 존 맥아더는 객관적인 말씀을 따르기만 하면 성경적 해석이고 체험에 의한 것이 아니라고 말하는 것 같다. 이 문제에 대해서는 성경에 적절한 가르침이 있다. 요한복음 2장에 나오는 성전 청결 기사에서 예수님은 자신의 행동이 정당하다는 표적을 보이라는 유대인 당국자들의 요청에 이렇게 대답한다. "너희가 이 성전을 헐라. 내가 사흘 동안에 일으키리라"(19절). 물론 유대인들은 말도 안 된다고 생각해서 응수한다. "이 성전은 사십육 년 동안 지었거늘 네가 삼 일 동안에 일으키겠느냐?"(20절) 이 문제에 대해서 당시 제자들의 견해는 나타나 있지 않다. 아마도 유대인들의 논리에 동조했을 것이다. "헤롯이 수많은 백성과 돈을 동원해서 사십육 년째 지어오고 있는데도 완성하지 못한 성전을 사흘 만에 건축한다고?" 제자들은 의문이 들었을 것이다. 요한복음 저자는 해설을 덧붙인다. 성전은 예수의 육체를 가리키는 것이다(21절). 그런데 예수가 부활한 후에야 제자들이 이를 기억하고 (ἐμνήσθησαν) 성경과 예수님의 말씀을 믿었다(22절). 여기서 "기억하다"는 단순히 잊어버렸던 것이 생각났다는 뜻이 아니라 그 본뜻이 깨달아졌음을 의미한다.

제자들은 어떻게 성경과 예수님의 말씀의 본뜻을 깨달았을까? 요한복음에 따르면 보혜사이신 성령의 역사에 의해서이다. 요한복음에서 보혜사의 사역은 계속 미래를 향하다가(7:37-39; 14:16-17, 26; 15:26; 16:7-14), 부활 후 곧바로 현재가 된다(20:22). 또 보혜사의 중요한 역할은 예수의 말씀을 "생각나게" 하는 것이다(14:26). 생각나게 하는 것은 말씀을 올바로 이해하게 돕는 것이다. 성령은 스스로 어떤 새로운 사실을 계시하시는 분이 아니라 예수께로부터 듣는 것을 말하시는 분이다. 그러면서 미래에 될 일을 제자들에게 알려주면서 제자들을 인도하는 분이다(16:13). 교회 시대에는 성령의 역사에 의해서 말씀이 올바로 이해되고 깨달아진다.

말씀이 성령의 도움으로만 올바로 이해될 수 있음은 성령의 조명하심이라는 개념으로 칼빈이 이미 강조했었다. 이성만 가지고는 성경을 제대로 이해할 수 없고 전적으로 성령의 조명하심의 역사가 있어야만 가능하다는 것이다. 칼빈주의자들은 말씀을 소중하게 생각함과 동시에 말씀을 성령의 역사로 이해하게 된다는 확고한 교리를 확립하였고 이 부분에 있어서 기독교 역사에 대단한 공헌을 했다. 존 맥아더도 아마 같은 의견일 것이다. 하지만 위의 보혜사의 역할에 대한 부분에서 칼빈주의자들이 덜 강조한 부분이 "장래 일을 너희에게 알리시리라"(16:13)이다. 칼빈주의자들은 계시는 이미 완성되었다는 것을 강조하면서 성령의 역할은 이미 확립된 성경에 대한 조명으로 제한한다. 성경에 성령의 역할이 구체적으로 신자들을 인도한다는 부분이 있는데도 도외시한다.

칼빈주의적 전통에 있는 사람들이 그래서 흔히 성령의 열매, 성령의 조명하심은 인정하고 소중하게 생각하지만 성령의 초자연적인 역사, 구체적인 상황에서의 인도하심에 대해서는 상당한 정도로 꺼려하는 경향성이 있다. 이 기조는 웨스트민스터 신앙고백의 약점이기도 하다. 여기에는 총 33장 중 성령론이란 장이 없다. 박봉랑 교수는 『교의학 방법론(I)』에서 다음과 같이 잘 지적한다.

> 웨스트민스터 신앙고백은 구원의 질서(Ordo Salutis)에 있어서 법적인 의인과 의인을 가져오는 신앙이 먼저 오고 그 기초 위에서 우리가 그리스도와 연합이 되는 수단으로서 성령의 일을 논하고 있다. …따라서 성령의 자리가 별로 중요하지 않다. …성령의 자리를 빈약하게 만든 것은 웨스트민스터 신앙고백의 가장 큰 결점이라고 생각된다(529-530).

웨스트민스터 신앙고백은 "그 구조로 보나 원리로 보나 …칼빈의 정신의 요약이다"(523). 그러므로 웨스트민스터 신앙고백에서 성령론의 약점은 곧 칼빈의 성령론의 약점이다. 초자연적인 은사가 사도 시대에 끝났다고 주장한 것은 워필드가 처음이 아니라 사실은 칼빈이다(이재범, 『성령 운동의 역사』, 82). 칼빈은 사도행전 10:44의 주석에서 "방언이나 그와 같은 종류의 다른 은사들은 확실히 오래 전에 교회에서 중단되었다"고 말했다. 칼빈주의자들이 은사 중지론을 주장한 것은 우연이 아니다. 이들은 전통적 입장을 지지한다. 칼빈이나 워필드나 존 맥아더 모두 방언을 비롯한 초자연적 은사의 중지를 주장했을 때 교리적 이유 이외에 교회 역사상 그런 은사가 많이 나타나지 않았다는 것을 든다. 즉 경험에 의한 주장이다. 그러므로 은사 중지론자들이 흔히 은사 긍정론자들을 체험에 의한 주장이라고 말하는 것은 온당한 평가가 아니다. 앞에서 말한 대로, 은사 중지론자들이야말로 성경에 의한 주장이라기보다는 지적 체험에 의한, 전통에 의한 주장이다.

요한일서에 나오는 (성령의) 기름 부음(2:20, 27)은 분명히 성령의 역할 중 말씀의 조명하심을 넘어선다. 기름 부음이 말씀인가 성령의 역사인가에 대해서는 학문적으로 논란이 있지만, 요한복음서에 나오는 보혜사의 역할과 일치하는 것을 통해서 대부분의 신학자들은 여기서 기름 부음은 성령의 역사라고 본다. 그런데 여기서 성령의 역할은 말씀을 단순히 교리적으로 정리해 주는 것이 아니라 새로운 상황 속에 가장 부합하게 말씀을 깨닫게 해 준다. 요한복음 16:13에 나오는 "장래 일을 너희에게 알리시리라"는 성령의 역할과 일맥상통한다. 기름 부음은 확립된 교리를 지칭하지 않는다. 기름 부음은 역동적으로 새로운 상황 속에서 가장 적합하게 말씀을 적용하게 해 주는 것이다. 은사 중지론자들은 이러한 성령의 역할이 현재에도 있다는 것을 잊어버린 것은 아닌가?

말씀의 체험

여기서 또 한 가지 깊이 다루어 보아할 문제는 말씀이 어떻게 올바로 해석되는가이다. 말씀을 올바로 해석하는 것은 여러 가지 복합적 작용의 결과에 의해서이다. 말씀에 대한 이해와 체험과 실천에 의해서 발생한다. 또 말씀과 해석 사이에는 해석자가 자리 잡고 있다.

먼저 말씀을 올바로 해석하려면 성경을 그 내용과 정황으로 판단해서 저자의 의도를 올바로 캐내야 한다. 내용에는 문법과 신학이 있고, 정황에는 문맥과 역사적 정황이 있다. 어떤 문장 혹은 문단 혹은 책 전체를 올바로 이해하기 위해서는 위와 같은 작업이 필요하다. 아마도 존 맥아더가 은사주의자들이라고 부르는 사람들은 전통적인 그룹에 비해 말씀을 올바로 해석하는 능력이 비교적 부족했던 것 같다. 하지만 현재 은사의 계속성을 주장하는 자들이 성경 본문을 정교하게 연구할 수 없다고 생각하는 것은 오산이다. 현재 오순절 신학회(Society of Pentecostal Theology)에서 활동하는 학자들은 이미 세계적인 학자의 반열에 들어선 사람들이 많이 있다. 고든 피(Gordon D. Fee)나 로버트 멘지스(Robert O. Menzies) 같은 신약 학자들은 자기 분야에서 이미 인정받고 있는 중요한 신약 신학자들이다. 은사를 주장한다고 해서 더 이상 성경을 문법적·역사적·신학적으로 분석할 능력이 없다고 말해서는 안 된다.

성경을 이해하는 데 있어 주석적 정교함 이외에 중요한 문제는 성경의 내용을 체험하는 것이다. 나는 체험이 성경 해석에 있어서 매우 중요하다고 본다. 체험의 내용이 무엇인가? 다름 아닌 성경이다. 만약 체험이 인간의 이성의 집합체인 지혜나, 성경과 상관없는 신비한 경험을 의미한다면 말씀과 대척된 개념이다. 하지만 체험의 내용이 말씀 자체라면 말씀 이해에 있어 매우 중요한 사안이다. 예를 들어 우리는 바울과 비슷한 상황에 처하거나 혹은 바울과 같은 체험을 하게 되면, 그의 말이 이전보다 더 가깝게 다가오는 것을 경험한다. 하물며 바울이 소개하는 영적인 현상에 대해서도 체험하면서 관계된 본문에 접근할 때와 그렇지 않을 때는 전혀 다른 해석이 나올 수 있다. 기록된 성경의 말씀은 해석자의 경험에 따라 이해도가 급격하게 달라진다.

성경 말씀에 대한 이해는 실천에 의해서 확인된다. 아무리 성경 구절의 내용을 믿는다고 하더라도 실천하지 않으면 말씀을 믿는 것도 이해한 것도 아니다. 성경에 대한 이해는 실천에 의해서 증명된다. 요한일서 저자는 대적자들이 올바른 교리를 가지고 있지 않은 것과 더불어 올바른 윤리를 실천하지 않는 것에 관해서 꾸짖는다.

방언을 수용하지 못하는 신학적 틀

나는 왜 동료 신자들이 방언을 반대할까를 생각해 보았다. 그동안의 관찰과 고찰 결과 방언을 체험하지 못하게 하는 틀을 가진 신학이 있다는 것을 발견했다. 어떤 신학적 틀은 그 신학적 틀 자체가 방언을 거부하는 것이다. 그 틀이 성경의 기독론, 교회론, 종말론을 오늘에 되살린 좋은 틀이기는 하지만, 성령론 중에서 성령의 은사론에 관계된 것은 성경의 내용을 일부 빠뜨리거나 곡해한다. 이 전통에서 자란 사람은 방언이 이상해 보이고 부정적으로 생각하기 마련이다. 자신이 가지고 있는 틀이 다른 부분에서는 아무리 성경적으로 정교하게 다듬어진 것이라고 할지라도 성령의 은사 부분을 본래대로 받아들이지 못한다면 그 틀을 고칠 필요가 있다. 어떤 틀도 완벽한 것은 없으며 틀은 시대에 따라 생긴 것이기 때문에, 지나치게 그 틀만 고집할 필요는 없다.

방언을 반대하는 사람들 중 많은 사람들은 방언을 두려워하는 사람들이다. 다른 은사들과는 달리 방언은 체험하는 자의 몸속에서 변화가 일어나고, 점잖지 않게 표현될 수도 있다. 본케의 말에 따르면 서구의 복음주의 전통에서 자란 신앙인들은 대개 방언에 대해서 부정적인 견해를 교육받는다.

> 많은 그리스도인들이 방언에 대해서 적대적인 태도를 취하면서 성장했으며, 습관으로 굳어졌다. 어떤 이들은 방언에 대해서 환멸을 느낀다. 방언을 인위적으로 유도하는 자들이 상당한 피해를 주었기 때문이다. 그러나 문제는 자신을 보호하려는 심리적 본능인 두려움이다. 반면에 방언은 너무나 통제력이 없어 보인다. 그러나 두려워할 필요가 없다. 하나님은 결코 그처럼 우리를 점령하지 않으시고 우리의 자유의지를 빼앗아 가지도 않으신다(289).

넓게 보면 신플라톤주의의 영향이다. 영과 육을 무 자르듯이 구분하여 전자는 선이고 후자는 악이라는 생각이 서구 사람들의 생각 깊숙이 자리 잡고 있는 것이다. 그래서 마음의 변화에 대해서는 부정적이지 않는데, 성령이 몸에 일어나는 것에 대해서는 거부감이 많다.

다음으로 방언을 거부하는 사람들은 그 신앙적 체계가 방언과 같은 초자연적 역사 없이도 성경이 다 해석되고 그 신앙이 유지되는 틀을 가지고 있는 사람들이다. 말씀을 통해서 영성이 형성되고 거기에서 하나님 임재를 체험하고 헌신을 하고 하나님을 사랑하게 되는 것이다. 이 체계 자체에도 역동성도 있고 감격도 있다. 하지만 초대 교회 같은 형태의 교회는 아니다. 그보다는 점잖고, 체계가 잡혔으나 자유로움이 없는, 스스로는 완벽한 것같이 생각되지만 자기와 생각이 다른 사람들을 정죄하는 어딘가 부족함이 있는 체계이다.

이성의 경험과 말씀 체험

방언을 체험하고 성경의 방언을 연구하는 사람들에 대하여 말씀에 의해서가 아니라 체험에 의한 주장이라고 가치 없게 여기는 존 맥아더의 주장을 우리는 반박했다. 무엇을 체험하고 주장한다고 해서 말씀에 근거한 것이 아닌 체험에 근거한 것이라고 보는 것은 논리적 오류이다. 장님이었던 사람이 코끼리 다리를 만진 느낌을 말했다가 개안된 눈으로 직접 보고 다시 말하면 체험에 의한 주장이기 때문에 배격해야 하는가? 이 경우는 오히려 개안된 눈으로 본 것이 정확하다고 할 수 있다.

체험에는 두 가지가 있다. 한 가지는 이성에 의한 사람의 체험이다. 아무리 오래되고, 인간지혜의 산물이라고 해도 성경적이지 않는 한 기독교 진리가 될 수 없다. 또 한 가지는 말씀 자체를 체험하는 것이다. 말씀의 내용을 몸으로 혹은 마음으로 체득하거나 깨닫는 것이다. 이 체험은 말씀 해석의 적이 아니라 친구이다. 방언 체험이 그 예이다. 방언은 바울과 초기 그리스도인들이 체험한 것이요, 다른 모든 은사와 마찬가지로 교회 시대에 신자에게 필요한 은사이며, 예수 재림 시에 사라질 것으로, 그때까지 우리는 성경을 연구하다가 진리를 깨달아 방언을 체험하는 것이며, 체험 가운데 성경을 보는 눈이 열려 성경을 새로운 눈으로 보고, 또 성경의 진리를 새롭게 체험하는 것이다.

제 6 장
방언으로 인해
'일그러진 성령의 얼굴'?

longue

고신대 신학대학원의 박영돈 교수는 『일그러진 성령의 얼굴: 한국교회 성령운동 무엇이 문제인가』(IVP, 2011)라는 제목의 책을 냈다. 이 책은 한국교회에서 최근 논쟁이 되고 있는 치유와 방언과 성령세례의 문제를 이론적·실천적으로 다루고 있는데, 나오자마자 신앙서적 분야에서 일약 베스트셀러 반열에 올랐다. 무엇이 한국교회 일부 신자들로 하여금 이 책에 열광하게 하는가? 박 교수가 주장하는 성령의 사역에 관한 성서적·신학적 토대는 무엇인가?

성령 충만, 실패한 이들을 위한 은혜?

이 책을 쓰기 전 박 교수는 『성령 충만, 실패한 이들을 위한 은혜』(SFC, 2008)라는 책을 낸 적이 있다. 책의 제목이 시사하는 바와 같이 성령 충만은 자신의 힘으로 그것을 위해 어떤 일도 할 수 없는 무력감을 느끼는 이에게 임하는 은혜라는 것이다. 그에 의하면 성령 충만이란

"우리(개인이나 공동체)의 전 존재와 삶이 성령의 임재와 영향력에 의해서 침투되어서 성령에 의해 지배되고 인도되는 것"이다(89; cf. 56).

이렇게 보면 한국교회는 성령 충만하지 못한 교회라고 할 수 있다. "하나님에 대한 신앙과 열심마저도 세속적 욕망을 충족하기 위한 도구가 되어 버린다."(25) 이런 사람들은 "…굉장한 은사 체험은 있을지라도 거룩한 삶의 열매는 없다."(26) "은사운동은 성령의 능력과 은사까지 이기적 자아실현의 동력과 목회 성공의 수단으로 삼으려는 부패한 욕망으로부터 가열될 때가 많았다."(26) "그들이 진정으로 원하는 것은 성령 충만이 아니라 자기성공을 위한 능력이다."(55) 이렇게 인간의 욕심을 따라 성령의 은사를 체험하려고 하는 잘못된 의도를 지적하는 면에서 이 책의 내용은 구구절절이 옳다. 글을 읽어가다 보면 내용에 저절로 아멘이 나온다.

문제는 박 교수가 성령 충만을 주로 인격의 열매로만 정의하는 데 있다. 그는 이 용어를 나름대로 정의하여 일관성 있게 쓰고 있다. 그런데, 이 용어는 신학 용어이기에 앞서 성서 용어라는 데 문제가 있는 것이다. 신약 성서에 나오는 15번의 용례가 이를 지지하는가 하는 질문을 해야 할 것이다. 사실 성령 충만이라는 용어는 에베소서 5:18에 등장하는 것을 제외하고는 모두 누가 문헌(누가복음과 사도행전)에만 나온다. 즉, 이 단어는 누가의 전문 용어다. 핵심은 누가가 이 용어를 어떤 의미로 사용했는가 하는 것이다. 성령은 하나님이고 인격이기 때문에 사실 어떤 그릇에 담긴 내용물처럼 충만할 수 없다. 여기서 충만이란 성령 체험에 대한 비유적 표현이다.

누가는 이 용어를 성령 체험에 쓰고 있는 것이다. 크게 보면 누가는 이것을 순간적으로 성령을 체험하는 것(행 2:4, 4:8, 31; 9:17)과 그것이 성품화된 것(행 6:3, 7:55, 11:24; 13:52)에 모두 사용하고 있다. 또 목적으로 보면 구약과 유대교 전통에 따라 성령 충만은 하나님의 사역을 감당하기 위한 능력을 체험하는 것에 주로 쓰였다. 성령은 하나님의 사람에게 능력을 옷 입히는 것이다(눅 24:49). 또 성령 충만은 단순히 어떤 증인으로서의 사명을 감당하는 것뿐만 아니라 그리스도인으로서 하나님의 성품이 그 안에 내재되어 밖으로 나타나는 것에도 쓰였다. 사실, 누가의 강조점은 전자에 있었다. 그런데, 박 교수는 사실상 전자는 거의 부정하고 후자의 의미로만 이 단어를 사용하고 있다. 그 결과 그는 사람의 성품을 변화시키는 것을 제외한, 증인의 사명을 감당하기 위한 성령의 능력 체험을 실제로 거의 도외시하고 있다.

무엇이 성령의 얼굴을 일그러지게 했는가?

이러한 입장은 『일그러진 성령의 얼굴: 한국교회 성령운동 무엇이 문제인가』에도 그대로 나타나 있다. 그는 오순절운동에 대해서 불편한 심경을 감추지 않는다. 오순절운동이 주장하는 성령세례, 은사 갱신, 방언 강조, 치유, 개인이 하나님의 음성을 듣는다고 하는 것 등에 불쾌감을 나타낸다. 이것들은 말씀을 말씀되게 하는 데 방해가 된다고 한다.

『일그러진 성령의 얼굴: 한국교회 성령운동 무엇이 문제인가』는 개혁주의적 입장에서 오순절신학과 그 행태들을 비판한 것이다. 그런데, 이 책이 전통적인 개혁주의에 비해 진일보한 것은 개혁주의 입장도 일부 비판한다는 것이다. 그래서 일견 이 책이 취한 입장이 꽤 객관적인 것처럼 보인다. 우선, 박 교수는 전통적 개혁주의자들이 주로 취했던 은사 중지론을 따르지 않는다. 은사는 지금도 존재할 뿐 아니라 귀한 것이라고 한다. 또 은사 중지론자들이 방언의 유용성 자체를 부인하는데 비해 박 교수는 방언이 성령의 은사이며, 영으로 기도함으로 하나님과의 교제가 깊어짐을 인정한다. 책 내용도 극단적인 은사 중지론자도 비판하고 또한 적극적인 은사 옹호자도 비판한다.

이런 면에서, 이 책은 나름 의미 있는 저술이라 할 수 있다. 이 책은 개혁주의의 소리를 단순히 앵무새처럼 반복한 것은 아니다. 또 성령운동에 있어서 성령운동가들의 태도가 어떠해야 하는지를 잘 보여준 책이다. 하지만, 이 책을 읽으면서 필자는 이 책의 저자는 오순절적 체험이 없을 뿐만 아니라, 오순절 신자가 체험하고 믿는 것에 대해서 매우 피상적인 이해를 가지고 있다는 것을 확인할 수 있었다. 대부분의 은사 비체험자들처럼 그도 성령의 은사를 강조하면 당연히 성령의 열매를 무시하는 것이라고 흔히 생각하지만 그것은 사실이 아니다.

한마디로, 박 교수가 그의 책에서 필자의 입장을 비판할 때 필자의 견해를 오해하는 것도 있었고, 필자가 박 교수의 견해에 동의할 수 없는 것들도 있었다. 방언에 관해서 그가 말한 것 중에서 몇 가지만 추려서 간단히 논박하면 다음과 같다.

방언을 체험하라고 권유하는 것은 하는 자와 못하는 자 사이에 갈등을 조장하게 되는가?

박 교수가 그의 책에서 필자를 비판하는 중요한 내용 중 하나는 필자가 성서에서 허용된 범위보다 방언을 지나치게 강조하여, 독자에게 방언을 체험하라고 권유한다는 것이다. 이것은 결국 후에 성도를 방언을 체험한 자와 못한 자로 가르게 되어 교회 내에 갈등을 조장하게 된다는 것이다. 체험한 자는 영적 우월의식에 빠지게 되고, 체험하지 못한 자는 소외감에 빠져 체험한 자와 못한 자 모두에게 득이 되지 않는다고 한다. 방언은 소중한 것이지만 하나님이 그 뜻대로 주시기 때문에, 체험하고 못하고는 하나님께 맡겨야 한다는 것이다.

이 점에 있어서 필자는 나름대로 확고한 성서적 근거를 가지고 있다고 생각한다. 바울은 교회에서 사용되는 모든 은사는 성령의 뜻대로 주어진다고 하면서(고전 12:11), 동시에 은사를 사모하라고 권하며(고전 12:31; 14:1), 방언에 대해서는 모든 사람이 경험하기를 소원하고 있다(고전 14:5). 필자가 말하고 있는 바가 바로 이것이다. 필자도 바울처럼 이 은사를 체험한 자로서 그 소중함을 체득하였기에 다른 동료 신자들도 똑같이 체험하기를 소원하고 있는 것이다. 그래서 다른 신자들도 체험하기를 소망하는 것이다.

물론, 이런 소원을 가졌지만 체험하지 못해 상처받는 사람들도 있을 것이다. 그렇기 때문에 방언을 잘못 강조해서는 안 된다는 박 교수의 지적은 타당하다―필자는 방언 체험 자체를 신앙 성숙의 척도로 삼는 것에 반대한다. 하지만, 바울 자신도 그런 상황을 알면서도 고린도교인들에게 체험을 권면했던 것을 기억해야 할 것이다. 성경의 입장이 우리의 기준이라면 우리는 어떤 이유를 대서든 바울보다 더 나가거나 뒤로 물러서면 안 될 것이다. 바울이 방언 체험을 권했기 때문에 우리도 그렇게 하는 것이다.

방언은 인위적으로 체험될 수 있는 것인가?

박 교수가 방언에 대해서 또 한 가지 강조하는 것 중의 하나는 인위적으로 방언을 체험하도록 조장하지 말라는 것이다. 이 말은 아마도 필자나 김우현 씨가 하는 것같이 이른바 방언 체험하는 집회 같은 것을 하지 말라는 것으로 보인다. 하나님이 주시면 체험하면 되지만, 방언을 달라고 조르거나 인위적으로 분위기를 조성해서 받도록 하지 말라는 것이다.

그런데, 필자는 이 주장에 대해서 이런 질문을 던지고 싶다. "방언이 과연 인위적으로 조장해서 체험될 수 있는 것인가? 강사가 최면을 걸어 모임에 참여한 사람들이 자동적으로 방언을 하도록 할 수 있는 것인가? 지금 이른바 방언운동을 하는 사람들은 다 이렇게 방언을 조장하는 사람들인가?"

물론, 현재 체험하고 있는 방언 중에는 위에서 말한 인위적인 것도 있을 것이다. 그런 운동에 대해서 철저히 비판해야 한다는 데 필자도 동의한다. 하지만, 집회에서 같이 기도하면서 수많은 사람들이 놀랍게 방언을 체험하는데, 그것을 어떻게 강사가 조장하는가? 만약, 그렇게 할 수 있다면 한 번 해보라고 말하고 싶다. 그리고 그 사람들이 집회가 끝난 후에 집이나 교회에서도 계속 방언으로 기도하는데 그때는 어떻게 최면을 걸 수 있단 말인가?

방언 체험에 대해서 지나치게 진위 논란을 일으키는 사람들은 대부분 비체험자들이다. 그 실상을 사실상 잘 모르기 때문이다. 방언 체험에 대해서 박 교수의 말대로 그것이 성령으로부터 온 것인지, 아니면 인위적인 것인지를 객관적으로 판단하기는 불가능한지도 모른다. 하지만, 여기서도 바울이 말한 바는 어떤 객관적인 외적 판단 기준보다도 영분별의 은사를 통한 분별이다. 바울은 올바른 성령의 은사자는 반드시 신앙고백자가 해야 하는 것이며(고전 12:3), 또 이것을 다른 신앙고백자들에게 임하는 영분별의 은사를 통해서 확인할 수 있는 것이라고 한다(12:10). 그렇다면 무엇을 두려워할 필요가 있는가? 가짜 방언을 경계해야 하겠지만 지나친 경계는 방언 체험을 방해할 수도 있다는 것도 잊지 말아야 하겠다.

방언 체험자의 시각에서 방언을 해석하는 것도 치우친 것인가?

박 교수는 방언 체험자도 비체험자도 각각 방언을 잘못 해석할 수 있는 가능성이 열려 있다고 말한다. 전자는 체험에 의해서 성서에 있는 방언에 대한 긍정적인 면만 강조하고, 위험성을 간과할 우려가 있다고 한다. 역으로 후자는 반대로 강조할 우려가 있다고 말한다. 이 점에 있어 필자는 박 교수의 말에 전적으로 동의한다. 또 본서 초판에서 방언의 유익에 비해 방언의 오용 가능성에 대해서 충분히 다루지 않은 점에서 최소한 분량 배정에 있어 어느 정도 균형을 잃었다는 것도 인정한다. 굳이 변명을 하자면, 본서는 기본적으로 방언을 인정하지 않는 사람들에 대해서 논박하는 것이기 때문에 그 쪽에 집중해서 기술할 수밖에 없었다.

하지만, 여전히 필자는 똑같은 성서 해석 지식과 비슷한 성숙도의 인격 소유자라면 방언 해석에 있어서는 체험자가 비체험자보다 유리한 입장에 서게 된다고 본다. 모든 방언 체험자는 비체험자였다가 방언 체험자가 된 것이다. 체험자는 방언 체험 이전과 이후에 대해서 확실히 알고 있다. 바울이 어떤 의미로 자신이 방언을 말하는 것에 감사하고 있고, 또 다른 신자들도 방언을 체험하라고 하는지도 체득하게 된다.

물론, 이런 점도 있다. 고린도교인들도 대부분 방언 체험자였으나 방언에 대한 오해가 있었다. 그래서 바울은 그 오해를 바로잡고자 했다. 그런 면에서 방언 체험자라고 해서 그 체험 자체로 방언을 올바로 해석하게 되는 것은 아니다. 성경 본문을 얼마나 잘 해석하느냐는 성경을 얼마나 주석적·신학적으로 이해할 수 있는가와 자신의 전제에 대해서 겸허하게 점검해 볼 수 있는가 하는 해석자 자신의 신앙 인격에 관련되어 있다. 하지만 여기에 있는 내용과 같다면 방언 체험자는 비체험자보다 그 실체를 보다 잘 파악할 수 있다고 보아야 할 것이다.

진짜 방언의 은사를 받았는지는 성령의 열매를 통해서만 증명되는 것인가?

박 교수는 바울이 고린도교인들에게 권면한 방언의 은사가 형태적으로 어떤 것이었는지 정확히 알 수 없다고 전제하면서, 방언의 은사를 진정으로 받았는지는 결국 성령의 열매를 맺는 것을 통해 증명된다고 주장한다. 이러한 주장은 매우 일반적인 주장이지만 성령의 열매와 은사의 관계에 대한 혼돈에서 온 것이다. 성령의 열매를 맺고 충만하게 되는 것은 성령의 역사에 다 나타나는 것이기 때문에 이 열매가 나타나지 않으면 어떤 것도 성령의 역사가 아니라는 것이다.

이러한 주장은 꽤 설득력이 있는 것 같아 보이지만 바울이 설명하는 은사와 열매의 관계는 아니다. 바울은 초자연적인 성령의 역사는 신앙고백을 하는 이에게 나타나는 것으로 보았다(고전 12:3). 이 사람이 크리스천으로서의 인격이 아직 충분히 발달하지 않았다고 해도 공동체 안에 있으면, 그 공동체에 계신 성령이 그 사람에게도 임한다는 것이다. 크리스천의 인격이 어느 정도 형성되어야 성령의 은사가 나타나는 것은 아니다.

물론, 바울은 이 은사와는 별도로 크리스천에게 성령의 열매가 나타나야 함을 강조한다. 그 길을 통해서 성령의 열매가 나타나야 한다는 것이다(고전 12:31). 그렇다면, 이론상 성령의 은사는 사실 성령의 열매가 풍성하지 않아도 나타날 수 있다는 것이다. 물론, 바울은 그것이 바람직하지 않다고 보았다. 열매와 은사가 같이 가야 한다고 말한다. 하지만, 열매가 풍성하지 않다고 그것이 성령의 역사가 아닌 것은 아니다. 성령의 역사는 그 사람의 신앙고백을 통해서 최소한도로 증명되고, 성경의 원칙과 영분별의 은사를 통해서 분별하는 것이다.

위와 같이 박 교수와 필자는 동의하지 않는 부분이 많지만 현재 방언이 존재하고 있으며, 방언은 고귀한 것이고, 올바로 활용하면 신앙의 유익이 된다는 데 동의한다. 개혁주의적 보수 진영에서 이만큼의 견해를 가진 것도 은사 중지론의 도그마에서 벗어난 것으로, 이전의 견해에 비해 매우 진일보한 것이다. 하지만, 여전히 은사 체험을 적극적으로 격려하지 않으며, 사실상 어떻게 해야 성서적으로 은사를 체험하게 되는지에 대한 실제적인 지식이 저자에게 결여되어 있다는 점에서 『일그러진 성령의 얼굴: 한국교회 성령운동 무엇이 문제인가』의 한계는 분명하다.

우리에게 나타난 성령의 얼굴들

우리가 성령의 얼굴을 그려 볼 수 있다면 그 얼굴은 어떤 상일까? 성령 하면, 우리가 가장 흔하게 떠올리는 상은 비둘기다. 공관복음은 예수님이 세례를 받을 때 내려온 성령은 비둘기 같다고 기록한다(막 1:10; 마 3:16; 눅 3:22). 다른 하나는 불이다. 예수 부활 후 첫 오순절에 임한 성령의 역사에서 제자들이 본 것이 바로 불의 혀와 같은 형상이었다(행 2:3). 한 가지를 더 들자면, 성령의 역사를 체험한 사람들의 체험을 생명수가 강처럼 도도하게 넘쳐흐르는 것으로 묘사하는 것이다(요 7:37-39). 이외에도 성령을 상징하는 것으로 성경에 나오는 것들은 바람(요 3:8), 동행(보혜사; 요 14:26) 등 수없이 많다.

일그러진 성령의 얼굴?

위에서 말한 대로 박영돈 교수는 "일그러진 성령의 얼굴"이라는 표현을 썼다. 한국교회가 성령운동을 성경적으로 올바르게 하지 않아 성령의 얼굴이 일그러졌다는 것이다. 박 교수에 의하면 성령의 얼굴이 갖는 기본적인 특징은 수줍음이다. "성령은 자신을 드러내지 않고 온전히 예수님만 드러내시는 수줍음을 가지셨다."는 것이다(『일그러진 성령의 얼굴』, 57). 그런데, 이러한 수줍음의 얼굴이 한국교회 성령운동들에서는 잘 나타나지 않는다는 것이다. 여기에서는 성령 자신이 너무 많이 나타나기도 하고, 더욱이 성령운동가 자신들의 얼굴을 과도하게 드러낸다는 것이다. 또 이른바 성령운동가들은 자신들이 성령에 의해서 움직이기보다는 자신들이 성령을 움직이려고 한다는 것이다. 필자도 이 점에 있어서 박 교수와 전적으로 동감한다.

그런데, 필자가 박 교수에게 동의하지 않는 중요한 부분 중 하나는 박 교수는 한 가지 얼굴로 성령의 다양한 얼굴을 축소시키려 한다는 것이다. 그는 "이 거룩한 수줍음은 성령의 얼굴을 분별하는 중요한 척도가 된다"(58)고 주장한다. 그에 따르면 성령은 오직 이 하나의 상으로 대표된다. 하지만, 이것은 성령의 얼굴을 지나치게 단순화한 것이다. 이것은 성경에 제시된 성령의 다양한 얼굴을 보지 못한 것이다. 장로회신학대학교 현요한 교수도 성령의 활동을 얼굴로 비유하면서 『성령, 그 다양한 얼굴』(장로회신학대학교 출판부, 1998)이라는 저서를 냈다. 그는 기독교 역사상 나타났던 성령에 대한 신학자들의 관심을 다음과 같이 8가지로 보여 준다. 1) 본체론적 성령 이해, 2) 성례주의적 성령 이해, 3) 주지주의적 성령 이해, 4) 주의주의적 성령 이해, 5) 감정주의적 성령 이해, 6) 권능주의적 성령 이해, 7) 공동체론적 성령 이해, 8) 종말론적 성령 이해. 이렇게 신학자들의 성령 이해는 다양한 것이며, 이것은 성경 자체에 나타난 다양한 성령의 얼굴의 반향이라고 볼 수 있을 것이다.

필자는 오래전 동구 공산권에서 핍박당했던 리처드 범브란트 목사가 내한했을 때 그의 강의를 직접 들은 적이 있다. 그분은 루마니아 공산당으로부터 갖은 고문과 회유를 당했는데, 그중에 이런 것들이 있었다고 한다. 한 번은 고문당해 만신창이가 되어 버린 자신의 얼굴을 거울로 보여 주면서 이 얼굴이 과연 성경이 말하는 하나님의 형상(창 1:26-27)이냐고 묻더라는 것이다. 본래 유대인 출신으로 크리스천이 되었던 범브란트 목사는 기지를 발휘해서 이렇게 말했다고 한다. "본래 히브리어로 얼굴은 '파님'인데, 이것은 언제나 복수형으로만 쓰인다. 그 말은 하나님은 여러 얼굴을 하고 계셔서 인자하신 얼굴도 있고 심판자의 얼굴도 갖고 계신데, 지금 나의 얼굴은 하나님의 심판을 말하고 있는 것이다."

성서에 제시된 하나님의 얼굴이 여러 가지인 것과 같이, 성령도 하나의 얼굴이 아니라 다양한 얼굴을 가지고 있다고 할 수 있다. 신약 성경에 나타난 성령의 역사의 다양성을 볼 때 성령의 얼굴은 단순히 수줍음으로만 환원될 수 없다. 성경은 성령의 이미지를 비둘기로 묘사하기도 하고, 불의 혀와 같은 능력의 이미지도 사용하고 있다. 또 시원스런 물줄기처럼 기쁨의 이미지도 있다. 그래서 어느 한 가지 이미지가 성령의 역사 전체를 대표한다기보다는, 여러 이미지가 합하여 성령의 역사를 이룬다고 보는 것이 더 타당할 것이다.

기왕 얼굴의 비유로 성령의 역사를 말한다면, 최근 전 세계 교회와 특별히 한국교회에 나타난 성령의 역사는 다음의 세 가지 내용과 이미지로 대별해 볼 수 있다. 첫째, 말씀 실천 성령운동인데 여기에 반영된 성령의 이미지는 성경 교사다. 둘째, 은사 갱신 성령운동인데, 여기에 반영된 성령의 이미지는 건축사에 가깝다. 성령은 교회가 온전히 세워지기 위해 완전한 설계도면을 가지고 있고, 여러 일꾼들을 적재적소에 배치해서 사용하신다. 셋째, 코이노니아 성령운동인데, 여기에 반영된 성령의 이미지는 요즘 말로 하자면 페이스북 관리자다. 관리자는 겉으로 나타나지는 않지만 친구들 사이를 연결해 주고, 사용자에게 사귐을 통한 행복감을 준다.

성경 교사: 말씀을 조명하고 실천하게 하시는 성령

• 성 서 적 근 거 •

성령운동 하면 우리는 흔히 은사갱신운동, 방언, 성령세례, 치유 등을 생각한다. 이것이 성령운동인 것은 물론이다. 하지만, 이것만이 성령운동인 것은 아니다. 사실 가장 기본적인 성령운동은 말씀 연구-실천 운동이다. 이것이 성령운동인 것은 신자에게 말씀을 깨닫고 실천하게 하는 분이 바로 성령이기 때문이다. 요한복음 2:22에 보면 "죽은 자 가운데서 살아나신 후에야 제자들이 이 말씀하신 것을 기억하고 성경과 예수께서 하신 말씀을 믿었더라"고 되어 있는데 바로 이렇게 예수의 말씀을 기억하게 하는 것이 성령의 역사다. 요한복음 14:26에는 성령의 역할이 바로 예수의 말씀을 올바로 깨닫게 하는 데 있다고 한다. "보혜사 곧 아버지께서 내 이름으로 보내실 성령 그가 너희에게 모든 것을 가르치고 내가 너희에게 말한 모든 것을 생각나게 하리라." 여기서 생각나게 한다는 것은 어떤 사실을 단순히 잊었다가 갑자기 기억하게 한다는 뜻이 아니다. 오히려 늘 알고 있던 말이지만 전에는 그 뜻의 정수를 모르다가 성령의 역사로 '아하, 그 뜻이었구나' 하고 깨닫는 것을 말한다.

요한일서에 나오는 기름부음도 말씀을 깨닫게 하는 성령의 역사를 가리키는 것이다. "너희는 거룩한 자에게서 기름부음을 받고 모든 것을 아느니라."(2:20) "너희는 주께 받은 바 기름부음이 너희 안에 거하나니 아무도 너희를 가르칠 필요가 없고 오직 그의 기름부음이 모든 것을 너희에게 가르치며 또 참되고 거짓이 없으니 너희를 가르치신 그대로 주 안에 거하라."(2:27) 여기서 기름부음에 말씀을 대입해도 말이 되지만, 요한신학에서 볼 때 말씀을 깨닫게 하시는 교사로서의 성령의 역사에 더 부합한다(요 14:26). 성령은 예수의 말씀을 가르치는 교사이고, 그 대상은 신자들이다. 그러므로 성령은 신자에게 하나님 말씀의 선생님으로 다가온다.

• 역사적 전거 •

역사상 성령운동을 말씀운동으로 이해하고 전개한 대표적인 사람은 칼빈(J. Calvin)일 것이다. 그는 성경을 올바로 해석하는 데 있어 성령의 조명하심(illumination)을 그 이전의 어떤 신학자보다도 강조했다. 성경의 저자이신 성령의 조명하심이 없이는 성경을 올바로 깨닫지 못한다는 것이다. 그는 성령의 증거가 성경의 권위 확립에 필수적이라고 믿으며 다음과 같이 말한다(『기독교 강요(상)』. 크리스찬다이제스트, 2003, 91).

> 성경이 그 자체의 위엄으로 인하여 사람들에게 높임을 받는 것은 사실이지만, 오직 성령을 통하여 우리 마음에 그것이 인쳐질 때에야 비로소 성경이 우리에게 진지한 영향을 주게 되는 것이다. 이렇듯 성령의 능력으로 말미암아 조명을 받기 때문에, 성경이 하나님께로부터 온 것임을 우리 자신의 판단이나 혹은 다른 사람의 판단에 의해서 믿는 것이 아니다.

칼빈은 하나님을 아는 지식을 성경에서 출발해야 한다고 보는데, 바로 그 성경은 성령의 증거와 조명하심으로 깨닫게 된다는 것이다.

한국에서의 말씀 실천 성령운동

국내에서 말씀 성령운동을 전개했던 대표적인 인물은 고 옥한흠 목사일 것이다. 그는 이른바 평신도 제자운동을 일으켰는데, 그것은 신자들로 하여금 스스로 말씀을 읽고 성령의 도움으로 깨닫고 실천하도록 돕는 운동이었다. 그는 제자 훈련의 목적을 신자로 그리스도인의 인격을 형성하게 하는 것이라고 말하면서, 제자 훈련은 바로 "말씀과 성령의 감화를 가지고 하나님의 사람으로 하여금 온전한 사람이 되게 하고 온전한 삶을 살도록 해야 한다(딤 3:17)"라고 말하고 있다(『다시 쓰는 평신도를 깨운다』, 국제제자훈련원, 1984, 194). 옥 목사는 이렇게 신자들을 변화시키는 데 있어서는 훈련이 필요하다고 말하며, 훈련하는 데 있어서 목사의 가르치는 사역의 중요성을 역설하고 있다. 이 운동은 사랑의 교회를 넘어 목회자 세미나를 통해 전국적으로, 또 해외에까지 퍼져 나갔다.

이 운동의 범주 안에 둘 수 있는 또 한 인물을 뽑자면 이동원 목사를 들 수 있을 것이다. 이동원 목사는 말씀의 강해 설교를 통해 말씀을 구체화시키는 일을 그 누구보다도 효과적으로 해낸 인물이다. 또 한 사람을 더 열거하자면 홍정길 목사를 들 수 있을 것이다. 이분은 말로만이 아니라 실천으로 말씀을 육화시킨 것으로 유명하다. 그는 인격이 모난 부목사를 자기 교회에서 한 번도 내보내지 않고 자신이 감내해 냈다고 한다.

· 강점 ·

이 운동의 장점은 성령을 통해 깨달은 말씀을 통해 크리스천 인격 형성을 그 운동의 중요한 목표로 삼는 것이다. 이 운동을 통해 세속화와 인본주의를 배격하고, 그리스도를 닮은 경건한 신자를 만드는 것이다. 그동안 부흥회 등을 통해서만 성령의 역사를 맛볼 수 있는 것으로 흔히 이해되었던 한국교회에, 말씀 연구와 실천을 통해서 성령의 역사를 경험하게 하는 이 운동은 이른바 뜨거운 체험 콤플렉스에 시달렸던 중산층 이상 그리스도인들에게 특히나 큰 호응을 얻었다. 어떤 순간적인 체험에서라기보다는 장기적인 안목으로 말씀을 배우고 깨닫고 실천하고 인격화함으로써 온전한 신앙인이 될 수 있다고 하는 것은 이런 이들에게 혁신이었다.

· 약점 ·

이 운동의 단점으로는 성령을 통해서 말씀을 깨닫는 것, 성화되는 것 이외의 다른 성령의 역사에 대해서는 대체로 외면한다는 것이다. 이 운동을 하는 사람 중 어떤 이들은 성령의 기적적인 역사를 심할 정도로 반대한다. 1980년대 초에 강남에 있는 교회들의 연례 세미나에서 옥한흠 목사, 홍정길 목사, 손봉호 교수 등은 은사갱신운동에 대해서 깊은 우려를 표명하였다. 물론, 현실적으로 이 운동 속에는 그리스도인의 인격 형성을 향한 열정이 약한 부분이 있다. 그래서 이러한 비판은 나름대로 정당성이 있다. 그럼에도 불구하고, 성령의 초자연적 역사는 초대 교회에 있었던 것이며, 성서에 기록된 것이다. 그런데 복음주의자들이라고 자처하는 이들은 대체로 이 운동을 백안시한다. 심지어 은사 중지론을 주장하기도 한다. 사도 시대 이후에는 모든 기적이 사라졌다는 것이다.

이 운동을 하는 사람들이 제일 좋아하는 서구 학자 내지는 목회자는 복음주의자인 패커(James I. Packer), 존 스토트(John W. Stott) 등이다. 그런데 이분들은 각각 놀라운 학자이고 영성가이지만 은사운동에 대해서는 매우 못마땅해하였다. 예를 들어 패커는 오순절운동은 기독교의 의붓자식 혹은 이복자매라고까지 한다(『성령을 아는 지식』, 새순출판사, 1988, 69). 그래서 옥한흠 목사와 강남의 여러 교회 목회자들도 성령의 은사에 관한 한 소극적 인정론자였다(『현대교회와 성령운동』, 1984). 그런데 옥 목사는 초기에는 다른 성령운동에 대해서 백안시했지만, 후반기 사역에서는 이를 인정했다. 이동원 목사와 홍정길 목사는 은사갱신운동은 하지 않았지만 그것을 부정하지는 않았다.

건축사: 교회에 성령의 은사를 나타내시는 성령

· 성 서 적 근 거 ·

우리가 흔히 말하는 성령운동은 은사갱신운동이다. 이것은 신약 성서에 나오는 성령세례, 성령의 은사가 오늘에도 계속된다고 믿는 운동이다. 어떻게 보면 너무나 당연한 것인데, 이것을 어떻게 새로운 운동이라고 할 수 있을까 하고 의아해하는 사람들이 있을 것이다. 하지만 기독교 역사상 초자연적인 것은 사도들의 특징이었다고 보는 견해가 우세했기 때문에 이것이 새로운 운동이 된 것이다.

이 운동의 성서적 근거는 두 가지를 들 수 있다. 첫째, 누가복음과 사도행전에 나오는 성령세례가 단순히 구원받을 때 신자가 알지 못하는 가운에 일어나는 단순한 교리가 아니라 체험이라는 것이다. 사도행전에 나오는 모든 성령세례는 실제 체험이었다는 것이다(행 2:1-4; 8:14-17; 10:44-46; 19:1-6). 둘째, 고린도전서 12-14장에 나오는 성령의 은사는 모두 교회 공동체의 세움을 위한 것으로 이것이 사라진다거나, 그중에 지금은 필요 없는 은사는 없다는 것이다. 은사는 공동체, 곧 교회의 유익을 위한 것인데(고전 12:7), 이것이 교회 시대인 지금 사라졌다는 것은 어불성설이다.

역사적 전거

은사갱신운동이 일어난 배경은 미국에서 19세기에 일어난 부흥운동이다. 그 분위기를 이어받으면서 성령세례의 증거로 방언을 말하면서 일어난 운동이 오순절운동이다. 20세기를 시작하면서 미국 토페카 시에 있는 베델 신학교에서 사도행전을 연구하여 오즈만 양이 방언을 체험한 것을 계기로 이 운동이 시작된 것이다. 이 운동이 핍박을 받다가 1960년대부터 일반 교파에까지 퍼지게 된 것을 은사갱신운동이라고 한다. 또 이 운동이 주로 방언과 예언 은사에 집중하다가 1980년대부터 치유 등 다른 은사에까지 퍼진 것을 제3의 물결 운동이라고 한다. 나중에는 토론토 블레싱(Toronto blessing)도 있었고 아이합(I-Hop) 등 다양한 운동으로 전개되었다.

한국에서의 은사갱신운동

국내에서 이 운동을 전개한 대표적인 사람이 조용기 목사라는 데 아무도 이의를 제기하지 않을 것이다. 그는 오순절신학교를 졸업하고 서울시 은평구 대조동에 순복음교회를 개척하여 50년 동안 목회하면서, 여러 핍박을 받으면서도 이 운동을 전개했다. 조 목사는 주일 설교를 할 때 지금도 종종 방언의 유익성에 대해서 설교한다. 또 철야기도회와 성령대망회라는 특별 프로그램을 통해 성령의 은사 체험을 격려한다. 그를 뒤이은 이영훈 목사도 전 신자가 방언을 체험할 것을 최근에 권고한 바 있다. 또 여의도순복음교회에서 파생된 자매 교회들도 방언과 치유를 중심으로 성령의 은사가 나타나는 목회를 추구하고 있다. 한국교회 안에서 이 운동이 처음에는 반대에 직면했다가 후에는 다른 교파에 급속히 퍼져 나갔다. 그래서 우리 교계에 이런 말이 퍼졌을 정도다. "간판은 장로교로, 내용은 순복음으로 하면 교회가 성장한다." 예를 들어, 주안장로교회 원로목사인 나겸일 목사 같은 분은 비록 교파는 장로교이지만 사실상 은사갱신운동 목회를 하신 분이었다.

고 하용조 목사를 은사갱신운동가의 하나로 포함시킬 수 있을 것이다. 그의 목회 대상자가 서울의 중상층(middle and upper class)이었고, 은사갱신운동뿐만 아니라 Q. T. 운동 등 말씀연구운동에도 몰두했기 때문에 그는 전형적인 은사갱신운동가와는 다른 점이 있었다. 하지만, 그가 전개한 운동인 사도행전 29장 운동(Acts 29)은 사도행전의 은사가 오늘날에도 되살아나야 한다는 것으로 전형적으로 은사갱신운동적인 것이었다. 특히 그의 후반기 사역이 성령운동에 집중되었다는 면에서 필자는 하 목사를 은사갱신운동의 한 일원으로 뽑았다. 잘 알려진 대로 그는 옥한흠, 이동원, 홍정길 목사 등과 복음주의 4인방 목회자로 불리면서 이들과 함께 복음주의적 입장의 사역을 했었다. 그런데 신병 치료차 하와이에 머물면서 성령 체험을 깊게 한 이후 그는 은사갱신 사역에 힘을 쏟았다. 특히 중요한 것은 하용조 목사를 통해서 여러 평신도 은사사역자들이 배출되었다는 것이다. 치유사역자 손기철 장로, 방언·예언 사역자 김하중 장로가 대표적이다.

・장점・

이 운동의 장점을 우리는 너무도 잘 알고 있다. 역사신학자 사이난 (V. Synan)은 이 운동의 장점을 이렇게 말한다. 은사의 회복, 열정적 예배의 갱신, 합심 기도와 즉흥적인 기도, 성경 말씀에 대한 사랑, 은사의 복음적 활용, 새로운 형태의 교회 구조, 문화적 적응성, 신학적 융통성-개방적 교회 성장이 그것들이다. 미국에서 일어난 은사 운동은 특별히 교회 내에서 인종이나 계층 간의 벽을 허무는 역할이 있었다. 남녀노소와 인종을 불문한 동일한 성령 체험으로 이들은 하나가 될 수 있었던 것이다.

・단점・

사이난은 이 운동의 단점으로 약한 신학적 기반, 교리적 혼란, 분열상, 지도자들의 낮은 정규교육, 다른 교파로 쉽게 이동, 사회윤리의 결핍 등을 든다. 때로 이것들은 장점이 될 수도 있는 것들이다. 이 운동은 확립된 신학에 매여 성서를 해석하지 않으며, 교리적 입장 고수에 자유로워서 에큐메니컬 운동을 쉽게 할 수 있는 것이다. 하지만, 이 운동은 개인 체험에 함몰되어 사회윤리의 결핍이 생기기도 하고, 때로 지성을 추구하는 신앙을 격려하지 않는 경향이 있다. 또 이 운동에 참여한 지도자들이 주로 노동자 계층 출신으로, 정서적으로 안정되지 않았던 사람이 많아서 개인의 인격에 문제가 있는 경우도 많았다.

페이스북 관리자: 코이노니아를 이루게 하시는 성령

· 성서적 근거 ·

또 하나의 중요한 성령운동은 코이노니아 성령운동이다. 이 운동의 성서적 근거로 두 가지를 들 수 있다. 첫째, 바울은 인류 구원을 위한 성령의 핵심 사역을 코이노니아라고 말한다(고후 13:13). 바울에 의하면 하나님의 사랑과 예수님의 은혜, 그리고 성령의 코이노니아로 구원이 완성되는 것이다. 둘째, 오순절 날 성령 체험을 한 후 제자들이 처음으로 한 일도 다름 아닌 코이노니아였다. 이들은 영적인 일과 물질 나눔을 실천했다(행 2:43-47; 4:32-35). 이런 의미에서 말씀 실천 성령운동과 은사갱신 성령운동과 함께, 성령운동의 핵은 바로 코이노니아에 있다.

· 역사적 근거 ·

교회 역사에 나타난 코이노니아 성령운동을 전개했던 대표적인 그룹은 경건주의일 것이다. 이들은 하나님과의 교제와 신자의 공동체 생활을 신앙의 중요한 축으로 생각했다. 물론, 이들은 대사회적인 교류가 활발하지 않아 완전한 코이노니아 운동이었다고 보기는 어렵다. 하지만 개인과 하나님, 공동체 안에서의 교제, 공동체와 하나님과의 교제를 중요하게 생각했다는 면에서 코이노니아 성령운동이었다고 할 수 있다.

• 한국에서의 코이노니아 성령운동 •

한국에서 코이노니아 성령운동의 선구자 겸 대표자는 대천덕 신부(R. A. Torrey, III)다. 사실 코이노니아 운동이 성령운동인 것을 소개한 분도, 또 그것의 이론을 설파하며 동시에 실천한 분도 대 신부였다. 그는 『나와 하나님』이라는 책에서 신자 개인과 하나님과 코이노니아를 설명했고, 『우리와 하나님』이라는 책에서 신자들 간의 코이노니아와 신자와 하나님의 코이노니아를 설명했다. 또한 경제 정의 실천과 헨리 조지(Henry Geroge)의 경제론을 소개하면서 『토지와 자유』라는 책을 통해 코이노니아를 실천하는 것을 보여 주었다. 코이노니아 운동이 바로 성령운동이었다는 것을 그는 잘 보여 주고 있다.

> 잠시라도 예수원에 있어 본 적이 있는 사람은 제가 성령에 대해서 관심을 가지는 것만큼 사회 문제에도 관심이 많다는 것을 알게 됩니다. 사실 성령을 구하는 주요 이유들 중 하나는 우리가 국가와 사회에 대한 하나님의 뜻을 아는 지혜를 얻기 위함입니다.(『신학과 사회에 대한 성경의 가르침』, 8)

만일 사회적인 복음(Social Gospel)과 성령 충만한 복음(Full Gospel)이 협력하기만 했다면, 세상이 믿었을지도 모르고 역사상 가장 위대한 선교운동뿐 아니

라 공의에 대한 성경적인 제도가 이 지구를 휩쓸었을 것이다.(『신학과 사회에 대한 성경의 가르침』, 52)

대천덕 신부의 이러한 코이노니아 운동의 영향을 받아 성령운동에 소극적이었던 장로교인들이 성령운동에 많이 참여했다. 대표적인 인물들로는 100주년 기념 교회 이재철 목사, 사랑의교회 오정현 목사, 온누리교회 이재훈 목사를 들 수 있다. 브래들리 롱 목사는 국내에서 사역을 한 것은 아니지만 두나미스 프로젝트를 통해서 바로 이 운동을 전개하고 있다(『대천덕 신부에게 배우는 영성: 제자도와 영성 리더십에 대한 실천덕 교훈들』).

· 장 점 ·

이 운동의 장점은 말씀 성령운동과 은사운동을 모두 인정하면서, 코이노니아의 실천을 통한 크리스천적인 삶을 강조하는 것이다. 또 이 운동은 영적인 운동과 경제 정의 운동을 모두 지지한다. 그동안의 성령운동의 영향 범위가 주로 교회 내였다면, 이 운동은 세상을 향한 코이노이아의 실천도 중요하게 여기기 때문에 세상 사람들에게도 영향력을 미칠 수 있는 운동이다. 또 이 운동은 신앙의 감성적 영역과 지적 영역 모두를 터치해서 체험 신앙을 격려하고 학문을 이성적으로 연구하는 것도 추구한다. 마지막으로, 이 운동의 가장 큰 장점은 이것이 하나 됨의 신학이라는 것이다. 교리로 갈라지는 신학이 아니라 포용하는 하나 됨의 신학인 것이다. 사도신경을 인정하는 모든 그리스도인과 연합하고 상대방의 입장에서 경청하는 것이 추구된다. 대천덕 신부는

"성숙한 그리스도인은 상대방의 입장을 이해하려고 노력합니다…성숙한 신자는 이렇듯 상대방의 입장, 다른 교파의 입장을 이해하려고 노력합니다…그렇게 하기 위해서는 교통(communication)이 있어야 합니다."라고 말하고 있다.

• 단점 •

이 운동이 쉽게 빠질 수 있는 우는 성령 없이 인간의 타락한 이성으로만 코이노니아를 달성하려고 하는 경우이다. 공산주의, 민중신학운동, 민중교회운동은 성령 없이 코이노니아를 실천하려고 한 것이었다. 이 운동들은 우리에게 성령 없이는 코이노니아의 실천이 불가능함을 일깨워 주었다. 경제 민주화를 지지하는 헨리 조지의 경제 사상을 실천하기 위해서는 사실 성령을 통한 인격의 변화 없이는 가능하지 않은 것이다. 또 한 가지 아쉬운 점은 이 운동이 조용한 운동이어서인지, 아직도 국내에서 다른 성령운동에 비해 그 자리매김이 덜 된 것이다. 초대 교회가 성령을 체험하고 했던 운동들이 바로 영적·경제적 코이노니아였던 것을 상기해 보면, 우리의 현실이 그것과는 멀어져 있다는 생각이 든다.

바람직한 성령운동

위에서 우리는 세 가지 성령의 얼굴, 세 가지 성령운동이 모두 성서적 근거와 역사적 전거가 있을 뿐만 아니라 우리 한국교회 안에서 실현된 것임을 보았다. 그렇다면, 지금 이 시대에 또 미래에 우리가 추구해야 할 성령운동은 어떠해야 할 것인가?

첫째, 말씀운동, 은사갱신운동, 코이노니아 운동 각각이 성령운동임을 인정해야 할 것이다. 성경에 대한 연구도 성령운동이다. 성경을 사랑하는 사람들은 또 성경에 기록된 말씀의 체험이 요청된다. 특별히 신학자들에게 성령의 은사 체험이 적은 것은 유감이다. 바울과 같은 체험적 신학자가 더 많이 필요하다. 코이노니아의 실천은 사실 자신의 희생을 따르는 것이기에 의지적·결단적 신앙이 요청되는 것이다. 우리 한국 교인들은 이 점이 많이 약하다.

둘째, 말씀, 은사, 코이노니아가 삼각형을 이루는 균형 있는 성령운동이 요청된다. 누가는 기도와 성령의 신학자였음과 동시에 경제 정의와 남녀 동등성에 주의를 기울였던 신학자였다. 가장 이상적인 것은 교회 안에 말씀 배움과 실천 운동, 그리고 은사 체험과 코이노니아가 균형 있게 일어나는 것이다. 대천덕 신부는 "오늘날 교회를 보면 하나님의 살아 계심을 증거하는 권능이나 기적을 행할 수 있는 능력을 추구하면서도 코이노니아에 대한 관심에는 소홀히 하고 있음이 두드러지게 나타납니다"라고 말하고 있다(『산골짜기에서 외치는 소리』, 기독양서, 1983, 28).

셋째, 현실적으로 다양한 형태의 삼각형이 실제로 존재하는 것을 인정해야 할 것 같다. 말씀, 은사, 코이노니아 이 세 가지가 정삼각형이면 좋겠지만 현실적으로 그것은 매우 어렵다. 그래서 부족하더라도 서로 다른 삼각형을 인정해야 할 것이다. 또 점(한 가지만 인정) 혹은 직선(두 가지만 인정)에게도 인내를 가지고 설득하고, 기도해야 할 것이다. 자신과 다르다고 상대방을 비방하는 것은 크리스천적인 태도가 아니다.

제 7 장
방언, 그것을 알고 싶다 2

longue

'한세' 와 '한신' 의 만남, 과연 불가능한가?

본서 초판 발간 후 필자는 여러 교회와 기독교 단체에 초빙되어 방언에 관한 세미나, 집회, 부흥회 등을 인도하게 되었다. 다른 한편으로 그동안의 연구를 모아 방언에 관한 성서신학적 연구서인 『신약이 말하는 방언』(킹덤북스, 2009)을 내기도 했다. 이러한 경험을 통해 필자는 신약 성경이 말하는 방언에 대해서 다양한 경험을 하게 되었다. 연구를 통한 깨달음과 실제 사역을 통한 노하우와 독자들이 제기한 질문들을 통해서 새로운 각도로 방언을 보게 된 것이다. 이제 다시 처음으로 돌아와 이전에 다루지 못했던 문제에 대해서 계속해서 다룰 것이다.

진보와 방언?

먼저, 나의 관심은 진보적 신앙의 방언에 관한 입장이다. 한국에서 진보적 신학을 대표하는 신학교는 한신대라고 할 수 있다. 한신대는 민중신학의 메카였고, 군사정권 시절 민주주의와 남녀평등과 교회개혁을 외쳤다. 물론, 복음주의적 성향에 기반하면서도 진보적인 성향의 사람들도 있다. 그것을 대표하는 저널로 '복음과 상황'이 있다. 인터넷 신문인 '뉴스앤조이'도 이와 맥을 같이하고 있다. 이에 반하여 한국에서 방언 하면 생각나는 교파는 이른바 순복음교회(기독교대한하나님의 성회)이고, 그 교단 신학대학이 한세대다. 진보를 대표하는 한신대와 오순절 신앙을 대표하는 한세대는 그 기풍이 매우 다르다. 서로 일치하는 것이 별로 없어 보인다.

그래서 그런지 진보 성향의 신학자들과 신문 기자들은 대개 방언에 대해서 부정적이다. 뉴스앤조이(www.newnjoy.co.kr)에서 방언이라는 주제어를 검색하자 의외로 200여 건의 기사가 뜬다. 이것들이 모두 다 방언을 다룬 것은 아니지만 그중에는 방언에 대해서 직접적으로 다룬 것이 상당수 되었다. 그런데 이 기사들의 기조는 방언에 대해서 부정적 혹은 소극적 인정이다. 뉴스앤조이와 연결되어 있는 '복음과 상황' 214호(2008년 7월 18일자)에는 필자의 책 『방언은 고귀한 하늘의 언어』에 대해서 토론하는 것이 주제로 실렸었는데, 현대 방언운동을 지지하는 사람도 있었지만 전반적인 기조는 부정적 내지는 제한적 인정이었다. 물론, 이 기사에는 방언에 대해서 방언 중지론처럼 극단적인 주장을 하는 사람은 없었지만 그 기사의 전체 제목처럼 "왜, 지금, 다시 방언인가"라는 질문을 우리에게 던진다. 방언을 하는 사람들은 개인 신앙에 함몰되어 대개 역사의식이 없으며, 지금 우리는 세상에 대해서 우리의 회개를 보여 줄 때이지 한가하게 개인의 문제에 매달려 방언을 주장할 때가 아니라는 것이다. 물론 필자는 이 주장이 나온 배경을 충분히 이해한다. 방언을 말하는 사람들은 실제 개인 구원에 몰두하고 사회참여에는 소극적이었던 경우가 많았기 때문이다. 또 이 점에 있어서는 방언운동을 하는 사람으로서 진지하게 반성해야 할 일이라고 생각한다.

누가 = '한세' + '한신'

필자는 다음 질문에 답하려 한다. 방언 체험은 필연적으로 우리를 수구적이요, 기득권 옹호적이요, 비개혁적이요, 비사회참여적인 신앙으로 내모는가 하는 것이다. 진보적 성향의 저자들의 글을 보면 방언에 대해서 으레 이런 비판을 한다. 물론, 그것은 현 시대의 그리스도인들 중에서 그런 성향이 있는 사람들이 상당히 있는 것에 대한 비판일 것이다. 그렇다고 하더라도 그것은 그 신앙인들이 균형감각을 잃은 것이지, 방언이 그 사람을 그렇게 만든 것이라고 쉽게 단정할 수는 없다. 아마도 방언하는 사람들도 다른 면에서의 균형을 잃어버려 그런 신앙의 형태가 되었을 것이다. 문제는 방언이 아니라는 것이다.

한세대로 대표되는 방언의 은사를 충분히 경험하면서도, 동시에 한신대로 대표되는 사회참여적 신앙을 가질 수 있을까? 물론 필자가 여기서 사용하는 '한세대'와 '한신대'는 가상의 개념이다. 한세대는 방언을 비롯한 신약 성서에 나오는 모든 영적 은사를 인정하고 체험하는 신앙을 이르는 말이고, 한신대는 예수님이 하신 것처럼 세리, 여인, 어린 아이, 가난한 자에 대한 배려와 운동을 하는 신앙을 말한다. 우리는 성경에서 어렵지 않게 그러한 신학자를 만날 수 있다. 바로 누가다.

누가는 신약의 어느 저자보다도 성령에 대해서 민감했던 신학자였고, 또한 사회적 약자에 대한 배려의 신학에 대해서도 마찬가지였다. 우리가 흔히 교회에서 사용하는 '성령 충만'이라는 말은 한 번(엡 5:18)을 제외하고는 모두 누가문서에만 나온다. 누가는 성령 충만의 신학자였다. 오순절의 성령 충만의 결과로 제자들이 다른 방언을 했다는 것도 누가가 기록한 것이다. 또한 누가는 예수의 사명선언문에서 그가 사명을 받은 것을 성령이 임하신 것으로 말하면서 동시에 그 목적은 가난한 자를 위한 것이라고 한다(눅 4:18). 성령과 가난이 만나는 것이다. 사도행전에서도 누가는 성령 충만의 결과로 제자들이 방언을 하게 되었다고 하면서(2:4) 동시에 재물을 나누는 사건이 발행했다는 것도 빼놓지 않고 있다(2:43-45; 4:32-35).

우리의 사명

우리에게는 왜 한세와 한신이 손을 잡는 일이 잘 일어나지 않는 것일까? 진보는 방언을 반대하고, 방언하는 사람은 사회참여를 잘 하지 않는 것은 누가의 입장에서 보면 한쪽으로 기울어진 신앙이다. 사회적 약자를 대변한다고 하면서, 성령 충만함이 없이, 방언 기도 없이 하는 것이 과연 초대 교회적인 것인가? 또 성령운동을 한다고 하면서 가난한 자에 대한 관심이 없는 것 또한 누가가 꿈꾼 성령운동과 거리가 있어 보인다. 필자는 누가 신학과 같은 좋은 예를 고 대천덕 신부에게서 보았다. 그는 매일 방언으로 기도하고, 성령의 은사를 체험하고 긍정적으로 보는 분으로서 토지 문제에 대한 것 등 경제적 평등에 대해서 부르짖고 운동하신 분이셨다. 이 분이야말로 오늘날의 누가가 아니었을까?

물론 현재 우리 한국교회도 변하고 있다. 여의도순복음교회를 예로 들면, 사실상 상당한 정도의 사회참여와 약자에 대한 운동과 실천을 하고 있다. 처음에는 성령운동이 개인 심령의 변화 운동에서 출발했지만 사회적 약자의 돌봄으로 자연스럽게 확대된 것이다. 그런데 오히려 진보적 성향의 그리스도인들의 방언에 대한 태도는 쉽사리 바뀌지 않고 있다. 진보의 이데올로기 중에 개인 체험의 요소를 너무 무시한 데서 이러한 일이 발생한 것은 아닐까? 특히 복음주의적 진보 신앙을 가진 형제들에게 촉구한다. 우리가 성경에서 말하는 다양한 성령의 역사를 체험하고, 뜨겁게 기도하면서 약자를 위한 배려와 선택하는 것이 불가능한 것인가? 혹시 초대 교회처럼 성령의 역사가 없이 단순히 약자를 위해서만 의지적으로 사는 것은 무엇인가 성서적 신앙과는 거리가 있는 것은 아닐까?

방언과 정의(正義)는 공존할 수 없는가?

최근 필자는 진보적 성향의 모 인터넷 신문에서 한국교회의 부흥회 행태에 대해서 신랄하게 비판하는 어느 기자의 글을 읽었다. 부흥사들이 불건전하게 헌금을 강조하는 것, 과다하게 사례비를 받는 것, 말씀을 왜곡되게 전하는 것 등에 관해서 비판하는 부분에 대해서는 필자도 많은 부분 공감했다. 그런데 그 글에서 기자는 연이어 부흥회에서 성령 체험을 강조하는 것에 대해서도 같은 논조로 비판했다. 신자들이 성령 체험을 하게 되면 마치 지배 이데올로기 주사를 맞은 상태가 되어 목사들이 성도들을 쉽게 지배할 수 있게 된다는 것이다. 그 기자는 성령 체험 중에서도 이미 중지되었다고 보아야 하는 방언 등의 체험을 강조하는 것은 크게 경계해야 한다고 말한다. 그러면서 그 기자는 부흥회보다는 우리나라 초기 교회에서 했던 방식인 사경회 방식으로 집회를 하는 것이 더 바람직할 것이라고 한다.

우선, 현재의 부흥회 행태를 비판하는 글에서 갑자기 성령 체험, 특히 방언 비판이 왜 나오는가? 물론 부흥사들이 일반적으로 성령 체험, 방언 체험, 은혜 체험을 강조하기 때문에 이 사항도 부흥사들이 하는 일에 대한 비판 목록에 포함될 수 있을 것이다. 하지만, 인위적으로 헌금을 강조하는 것과 같은 마땅히 비판받아야 할 것과 바울과 누가가 가르치는 방언 자체에 대한 비판은 상호 잘 어울리는 주제는 아니다. 아마도 기자 자신이 평소 방언 등에 대해서 부정적인 생각을 가지고 있던 차에 부흥사들의 행태를 비판하면서 이것도 싸잡아 심판의 도마 위에 올려놓은 것 같다.

여기서 필자가 심각하게 물어보고 싶은 질문은 다음과 같은 것이다. 일반적으로 진보 성향의 동료 신자들은 성령의 체험에 대해서 부정적인 경우가 많은데, 왜 그런가? 아마도 이런 점일 것이다. "방언 체험 등을 강조하면 신앙이 타계적·비정치적·비참여적 성향이 되어 정의감이 없는 신앙이 되기 마련이다." 사실, 현실적으로 방언을 비롯한 성령 체험을 강조하는 교회에서 이런 성향이 많았던 것은 부인할 수 없을 것이다. 하지만 논리적으로 말해서 방언이 그들을 그렇게 만든 것인가? 만약 그렇다면 방언을 우리에게 소개해 준 바울과 누가도 마땅히 같은 비판을 받아야 할 것이다. 하지만 바울과 누가는 방언을 말하면서도 사회정의와 나눔에 대해서 눈감아 버린 사람들이 아니었다는 것은 분명하다.

신약 성서 저자 중에서 사회정의에 대해서 가장 민감했던 사람은 누가였다고 할 수 있다. 누가가 보여 준 여성과 약자에 대한 관심, 가난한 자에 대한 관심, 나누는 것에 대해서 강조하는 것은 현재 기독교 진보 성향의 사람들의 주장과 닮았다. 하지만 누가가 그 어느 누구보다도 성령, 방언, 예언 등 성령 체험에 민감한 사람이었다는 것은 전문 신약학자가 아니라도 누구나 성경을 읽어 보면 알아차릴 수 있는 사항이다. 누가의 신앙과 신학을 보면 방언과 사회정의는 얼마든지 공존할 수 있는 것이다.

필자는 성령 체험을 강조하는 사람들이 그동안 사회정의에 대해서 비교적 관심을 덜 가졌다는 비판에는 충분히 공감한다. 또 방언하는 사람 중의 한 사람으로서 필자도 이 점에 대해서 깊이 유감으로 생각하고 있다. 하지만 방언 체험을 비롯한 성령 체험 자체를 비판하는 것은 성서 자체가 말하는 가르침을 반대하는 것이다. 필자는 그동안의 연구를 통하여 은사중지설은 전혀 성서적 근거를 갖고 있지 않다고 확신한다. 성경 자체가 그런 말을 하거나 그런 의도로 말한 경우가 전혀 없다. 다만 성령의 은사가 잘 나타나지 않았을 때 신학자들이 성서보다도 교회의 집단적 체험을 주석해서 은사중지설을 주장했을 뿐이다. 또 누가의 가르침에 따르자면 성령 체험 없는 정의와 나눔은 반쪽짜리 진리다. 이 문제를 누가에게 물어본다면 아마도 그는 우리에게 "성령 충만하여 나눔의 공동체를 이루고 살라"고 권면할 것이다.

또 한 가지, 부흥 집회가 사경회의 형태를 띠어야 더 바람직하다는 것에 대해서도 필자는 동의하지도 공감하지도 않는다. 말씀 중심 집회라는 것은 무엇인가? 말씀에 있는 것 혹은 말씀의 의도대로 행하는 것이지, 단순히 말씀을 가르치는 형태가 말씀 중심인 것은 아니다. 필자도 신학과 교수이고, 특히 신약 성서 학자로서 성경을 가르치는 것을 좋아한다. 하지만, 그 형태가 성경을 가르치는 것은 성경적이고, 이른바 열정적으로 기도하고 은사를 체험하는 부흥회 스타일은 비성경적이라고 보지는 않는다. 가르칠 때 성경 저자가 의도한 바를 성령의 인도함을 받아 올바르게 가르치면 성경적인 것이 될 것이고, 부흥회를 할 때 성경의 가르침대로 간절하게 기도하면서 성경에 있는 것을 성경의 방식대로 체험하면 그것 또한 성경적이 될 것이다.

필자는 그 기자에게 이렇게 묻고 싶다. 혹시 우리가 누가의 정신을 반쪽만 가지고 있는 것은 아닌가? 성령을 체험하면서 동시에 사회정의에 민감하고, 비판적 안목을 가지면서 동시에 뜨거운 가슴을 갖는 것은 불가능한 것인가?

문맥과 정황으로 본 바울의 방언관

학자들뿐만 아니라 일반 신자들 사이에서도 바울의 방언관에 대한 논란이 계속되고 있다. 그 해답을 우리는 어디에서 얻을 것인가? 우리는 이 문제를 방언이 직접적으로 다루어진 고린도전서 12-14장의 문맥과 그것이 쓰여진 정황 속에서 풀어야 할 것이다.

고린도전서 12-14장의 내용은 바울이 성령의 은사에 대한 일반적 이론을 설파한 것이 아니라, 고린도교회의 질문에 대한 답변을 한 것이다. 그 질문은 서면으로 이루어졌을 것이다(cf. 7:1, 25; 8:1). 하지만 고린도교회가 바울에게 보낸 편지 내용이 어떤 것이었는지 정확히 알 수는 없다. 우선 그 주제가 신령한 것들(12:1)에 관한 것이었음은 분명해 보인다. 그런데, 그 문제에 대해서 고린도교인 간에 갈등이 일어나서 그들이 그것을 해결해 달라는 것이었는지, 아니면 고린도교회 전체가 신령한 것들에 대한 일치된 사상을 가지고 바울에게 질문했는지는 정확히 알 수 없다. 어쨌든, 바울은 고린도교회 문제를 속속들이 파악하면서 이 주제에 대한 토대가 되는 교리적 가르침으로부터 시작하여(12-13장), 매우 구체적인 교훈까지 주고 있다(14장).

그렇다면 고린도교회에는 어떤 문제가 일어났던 것인가? 대다수의 학자들은 고린도교인들은 방언에 지나친 가치를 부여한 것이 가장 큰 문제였다고 주장한다. 그 증거로는 여기서 은사를 취급할 때마다 매번 방언이 등장한다는 것이다(12:10, 30; 13:1, 8; 14:1-25, 26-33). 방언이 문젯거리였기 때문에 바울이 매번 방언 문제를 취급했다는 것이다. 사실, 여기서 바울이 방언이라는 주제를 핵심으로 하여 다룬 것은 사실이다. 하지만, 바울이 방언을 문젯거리로 다룬 것인가 하는 것은 확실하지 않다. 또한 바울이 방언을 금지하려고 했었다는 주장은 본문에 나와 있는 이에 대한 바울의 분명한 언명에 반하는 것이다(14:39).

고린도교회에 일어난 문제에 대해서 해결하려면 우리는 지나친 추측보다는 바울이 분명히 언급한 것으로부터 시작해야 할 것이다. 바울이 직접적으로 언급하는 방언에 관한 고린도교회의 문제는 이런 것들이었다.

(1) 고린도교회에는 방언을 비롯한 신령한 은사의 오용으로 인한 무질서한 행위가 발생했다(14:26-32).

(2) 고린도교회에는 집회 중 방언이 통역 없이 사용됨으로써 사람들이 그 뜻을 알 수 없어 교회 공동체에 아무런 유익을 주지 못할 뿐만 아니라 외인들 전도에도 도움이 되지 못하는 일이 발생했다(14:6-25).

(3) 고린도교회에는 은사를 공동체를 세우는 것이 아니라 자기 과시용으로 사

용하는 사람들이 있었다(13:1-3).
  (4) 고린도교회에는 어떤 특정한 은사-아마도 방언이-가 다른 은사보다 더 높은 가치가 있다고 생각하는 사람들이 있었다(12:4-31a).

이런 문제에 대해서 바울은 고린도전서 12-14장에서 답변하고 있는 것이다. 우선, 바울은 이 문제에 대한 직접적인 답변에 앞서 이 분야에 관한 기초 지식을 다진다(12-13장). 그 내용은 이런 것이다. 첫째, 고린도 교인들이 체험한 신령한 것은 성령에 의한 것이다(12:1-3). 둘째, 성령을 통해 고린도교회에 나타나는 여러 은사는 모두 한 성령이 주신 것이다(12:4-11). 셋째, 은사에는 우열이 없고 모두 소중한 것이며 다른 사람에게 나타나는 은사를 서로 인정해야 한다(12:12-31a). 넷째, 은사는 사랑이라는 최고 가치를 통해서 구현되어야 한다(12:31b-13:13).
이렇게 성령의 은사에 대한 기초 지식을 다진 다음, 바울은 이어서 고린도교회에서 발생한 구체적인 문제에 대한 답변을 준다.

  (1) 예배 시에 일어난 무질서한 행동에 대해서 바울은 하나님은 질서의 하나님이시라는 것(14:33)을 말하고 결론적으로 모든 일을 적절하고 질서 있게 하라고 권면한다(14:40).
  (2) 통역 없이 방언만을 하여 청중에게 아무런 유익을 주지 못하는 집회 관행에 대하여 바울은 고린도교인들에게 방언 통역의 은사를 체험하기 위해 기도할 것을 권면하고(14:13), 만약 통역이 없으면 집회에서는 방언을 사용하지 말고 개인 기도로서만 하기를 권한다(14:28).
  (3) 은사를 자기만족 혹은 과시용으로 사용하는 사람들에 대하여 바울은 계속해서 은사의 목적은 교회를 세우는 것이라고 말한다(14:3, 4, 5, 12, 17, 26).

(4) 고린도교회가 신령한 은사 중에서 방언에 최상의 가치를 두었는지는 자명하지 않다. 행간을 읽으면 그렇게 볼 수도 있을 것이다. 바울은 은사 자체에는 우열이 없고(12:12-31a), 다만 다른 교우를 세우는 것에 더 직접적으로 관계된 것을 더 사모하라고 권고하고 있다(14:1-5).

이렇게 고린도전서 12-14장은 고린도교회에 발생한 문제에 대해서 고린도교회가 서면으로 질의한 것에 대해서 바울이 답변한 것이다. 그래서 여기서 바울이 어떤 성령의 은사론, 더 구체적으로는 방언론을 체계적으로 펼친 것은 아니다. 하지만 우리는 문제를 비교적 자세히 다루면서, 바울이 방언이 무엇인지 정의하고(14:2, 14-17), 스스로 그것을 어떻게 활용하고 있으며(14:18), 어떻게 공동체 모임 시에 사용할 것을 말하고 있다는 것(14:26-33)을 간과해서는 안 된다. 결국 바울은 "방언 말하기를 금하지 말라"(14:39)는 권고로 방언에 대한 자신의 입장을 정리하고 있다.

이상을 통해서 바울의 방언관을 다음과 같이 정리할 수 있다. 첫째, 방언은 성령의 은사의 하나로서 하나님과 영으로 소통하는 은사(기도, 찬양, 감사, 축복)로 소중한 것이다. 둘째, 하지만 예배 가운에 방언이 통역 없이 사용되면, 이것은 공동체에 아무런 유익이 되지 못한다. 셋째, 예배 가운데 무질서하거나 중구난방 식으로 방언을 사용하지 말고, 통역이 있을 때 사용하고 공동체의 세움을 위한 목적으로 사용해야 한다. 한마디로 말해, 바울은 방언 자체를 낮은 단계의 은사로 본 것은 아니다. 방언에 대한 오해, 오용에 대해서 고린도교인들의 생각을 교정해 주려고 했던 것이다.

방언이 우리나라 교회에 많이 나타나는 이유는?

사람들은 현재 교회에서 체험하는 방언에 대해서 여러 가지 의문을 가지고 있다. 그중의 하나는 다른 나라 교회에 비해 유독 우리나라 교회에서 방언의 은사가 많이 나타나는 이유가 무엇인가 하는 것이다. 유럽 교회에서는 방언 은사를 체험한 사람이 드물다는 것이다. 또 한국교회에서도 어떤 교회에는 대다수의 성도가 방언을 체험하는 데 반해 다른 교회에서는 극소수가 방언을 체험하는가 하는 것이다. 혹시 한국교회에서 방언이 많이 나타나는 것은 신앙적인 측면보다 한국의 샤머니즘적 신앙과 어떤 연관이 있지 않겠느냐는 것이다.

필자도 이 문제를 곰곰이 생각해 보았다. 그러면서 나름대로 해답을 얻었다. 우선, 바울에 따르면 방언의 은사는 하나님의 주권(고전 12:11)과 신자의 사모함(고전 12:31; 14:1)으로 체험한다는 것을 상기해야 하겠다. 은사는 하나님이 주권적으로 주시기 때문에 사람이 은사 체험을 좌지우지할 수 없다. 하지만, 그 은사를 체험하는 것이 그 은사에 대한 신자의 태도와 무관한 것은 아니다. 신자가 방언의 은사를 체험하려면 열심히 사모하라고 바울은 권한다(고전 14:1). 이렇게 은사 체험을 하나님께 구하는 것은 하나님의 주권을 침해하는 것이 아니다. 전도를 하는 것이 하나님이 사람을 구원하시고자 하시는 주권을 침해하는 것이 아닌 것과 마찬가지다.

다음으로, 이것은 말씀이 실제화되는 주요 원리 중 하나와 관련이 있다. 하나님의 말씀이 실현되는 것은 말씀의 뜻을 올바로 깨닫고 순종할 때다. 종교개혁 당시 마틴 루터가 바울이 말하는 이신득의(以信得義)를 깨닫고 외쳤을 때 그 역사가 나타난 것이다. 요한 웨슬레가 성경이 말하는 성화의 원리를 깨닫고 선포했을 때 역시 그 역사가 이루어졌다. 마찬가지로 초대 교회를 제외하고는 많이 연구되지도 않았고, 활성화되지도 않았던 방언에 대해서 말씀을 연구하고 깨닫고 선포할 때 역시 방언을 체험하는 역사가 많이 일어나는 것이다. 그러므로 유럽 교회에 방언 현상이 적게 나타난 것은 유럽 교회는 전통적으로 방언에 대해서 부정적인 생각을 가지고 있었고, 그래서 긍정적인 의미로 이것을 연구하지도 가르치지도 않았기 때문인 것이다.

필자는 지금까지 인도한 방언 세미나 혹은 집회를 통해서도 이 진리를 누누이 경험했다. 이 집회들에서 필자는 대략 1시간 정도 방언에 대해서 성경 구절을 들어 그 의미와 필요성을 설명한다. 그러면 이전에 방언에 대해서 성경적으로 잘 알지 못했던 것을 알게 되고, 잘못 이해하고 있었던 것이 교정된다. 그리고 나서 방언을 체험하고 싶은 사람은 강단 앞으로 나오라고 한다. 이어서 같이 기도하면 많은 경우에 그 자리에서 방언을 체험한다. 조사를 해 보면 자기 자리에서 그냥 앉아 있는 사람들보다 앞으로 나오는 사람들이 훨씬 더 많이 방언을 체험한다.

어떤 이는 앞으로 나오라고 하는 것 자체가 인위적인 것이 아니냐고 반문하기도 한다. 하나님이 주권적으로 방언의 은사를 주시는데 어떻게 자리가 그 은사 체험과 관련이 있느냐는 것이다. 일반적으로 말해 학교에서도, 교회에서도 앞자리에 앉은 사람이 공부도 잘하고 은혜도 더 많이 체험한다. 은사도 마찬가지다. 앞자리에 앉아 하나님의 은혜를 사모하고, 성령의 은사를 사모하는 가운데 말씀에 동의하고 사모한다는 것을 다른 사람 앞에서 공식적으로 표현한다는 의미로 앞으로 나와 같이 기도하면 대부분 방언을 체험하는 것을 본다.

그래서 필자는 이 문제를 이렇게 본다. 한국 크리스천들은 방언에 관련해서 말하면 앞자리에 앉았다가, 앞으로 나오는 사람들이다. 반면, 방언에 대해서 오랫동안 부정적으로 생각해 왔거나 소극적으로만 인정할 뿐 실제로 잘 인정하지 않는 유럽의 주요 교회들은 뒷자리에 앉아서 구경하는 사람들인 경우가 더 많은 셈이다. 이것은 하나님의 주권이나, 우리 한국의 어떤 샤머니즘에 관련된 것이 아니라 사람의 방언에 대한 태도와 관련되어 있는 것이다. 이것은 방언 체험에만 국한된 원리는 아니다. 성경 어떤 말씀이라도 우리가 그것을 이해하고 받아들이고 순종하고 결단할 때 그것이 그 사람에게 적용되고 역사하는 말씀이 되는 것이다.

지금 우리가 하는 방언은 사도들이 경험한 방언과 다른 것인가?

일전에 필자가 발제한 방언에 관한 세미나에서 어떤 지성적인 목사님이 이런 말을 했다. 자신의 가족 중 아내와 성인이 된 아들이 다 방언을 체험했는데 유독 자신만 방언을 체험하지 못했다고 했다. 그런데 자신은 방언에 대해서 아직 해결하지 못한 문제가 있기 때문에 선뜻 마음을 열기 어렵다고 했다. 자신도 성경에 나오는 방언은 인정하지만 신약 성경에 나오는 방언이 현대 교회에서 지금 하는 방언과 같은 종류의 것인지 확신할 수 없다는 것이었다.

사실, 위와 같은 질문을 필자는 여러 차례 들었다. 이것을 좀 더 구체적으로 설명해 보면 이렇다. 사도행전에 나타난 사도들과 초대 교인들의 방언은 외국어였다는 것이다. 그런데 현대 교인들이 하는 방언은 극히 예외적인 경우를 제외하고는 외국어가 아니라는 것이다. 실제 언어가 아니라 부호라는 것이다. 그래서 사도들의 방언과 우리의 방언은 다르다는 것이다.

하지만 위의 주장은 방언에 관한 성경이 말하는 진리를 꿰뚫어보지 못한 것에서 나온 것이다. 우선, 사도행전에 나오는 방언이 실제 언어였는지, 부호였는지, 아니면 듣는 사람들이 기적적으로 들은 것인지 논란이 된다. 말하는 기적과 듣는 기적이 동시에 이루어진 것이라는 주장도 있다. 필자도 대부분의 학자들과 마찬가지로 이것이 실제 언어였을 가능성에 가장 큰 무게를 두고 있다. 성경에 신앙적 기적은 믿는 사람에게 나타나지 구경하는 사람에게 나타나지 않는 것이다. 그래서 실제로 사도들과 제자들이 외국어로 말하는 기적이 일어난 것이다. 그런데 여기서 중요한 것은 말하는 사람 자신은 그것이 외국어인지 부호인지 구별하지 못했을 것이고, 또 그것을 계속해서 말할 수 있는 능력을 경험한 것도 아니라는 것이다. "그들이 다 성령의 충만함을 받고 성령의 말하게 하심에 따라"(행 2:4) 방언을 한 것이다. 여기서 가장 중요한 것은 방언이 외국어였다는 것이 아니라 성령의 역사로 방언을 했다는 것이다.

또 바울이 고린도전서 12-14장에서 말하는 방언이 실제 언어가 아니었다는 것은 자명해 보인다. 극소수의 학자들을 제외하고는 모두 이것을 실제 언어였다고 보지 않는다. 바울이 정의한 대로 이 방언은 영으로 말하는 것이고 알아듣는 사람이 없는 것이다(고전 14:2). 다만 통역의 은사가 임하면 그때 일시적으로 하나님이 그 뜻을 공동체에게 깨닫게 해 주시는 것이다. 지금 현대 교회에서 일어나는 방언 현상이 바로 이런 방언이다. 여기서도 중요한 것은 성령의 역사로 자신의 혀의 길이 아니라 다른 길로 혀가 움직인다는 것이다.

그렇다면, 현대 교회에서 하는 방언과 초대 교회에서 하는 방언이 왜 불연속적이라고 생각해야 하는가? 바울이 말하는 방언은 교회 시대에 그칠 신학적 이유가 없다. 성령의 역사로 알 수 없는 말로써 기도, 찬양, 감사, 축복하는 방언이 현대에도 그대로 필요한 것이다. 기도와 찬양과 감사와 축복은 사도들 혹은 초대교인들의 전유물이 아니다. 이것은 시대를 막론하고 모든 시대의 신자들에게 필요한 것이다. 누가의 방언에 있어서도 사도행전 2장 이후에 나오는 방언 현상에 대해서 그것이 실제 언어라는 뉘앙스는 별로 없다. 여기서 중요한 것은 실제 언어였는가 아닌가 하는 것보다 성령의 역사로 언어 기관이 성령의 인도를 받아 활동하게 되었다는 것이다. 또 여기서 방언은 성령 충만과 연관되어 있다. 성령 충만의 결과 혹은 표시로 방언을 하게 된 것이다. 지금도 성령 충만이 필요하다면 왜 방언은 필요 없다고 하는가?

이 모든 것을 종합해서 말하면, 현대의 방언은 사도행전과 고린도전서에 기록된 방언과 전혀 다르지 않은 것이다. 모두 성령의 역사로 언어 기관이 성령의 지배를 받아 "다른 혀"로 말하게 되는 것이다. 그것은 이천 년 전에도 기적이었고 지금도 역시 기적이다. 이것은 인간의 연습이 아니라 성령의 역사로 일어난다. 누가에 의하면 방언은 성령 충만의 한 결과다(행 2:4). 바울에 따르면 방언은 성령의 지배를 받아 하나님께 기도, 찬양, 감사, 축복을 하는 것이다(고전 14:2, 15-17). 이것이 어떻게 시대에 따라 다를 수 있는가? 우리는 지금 성경에 기록되어 있는 그 방언을 하고 있는 것이다.

방언은 네모다

그동안 방언 연구는 크게 세 방향에서 이루어져 왔다. 첫 번째는 주석적 연구로서 신약 성경에 나오는 방언 본문을 연구하는 것이다. 예컨대 바울과 누가가 특정 구절에서 방언을 어떻게 설명했는가를 연구하는 것이다. 두 번째는 사회과학적 연구로서 방언 현상을 심리학적·사회학적·상담학적 관점에서 관찰하는 것이다. 세 번째는 신학적 연구로서 방언을 주요 신학적 주제에 연관하여 분석하는 것이다.

필자는 방언을 연구할 때 성서학자로서 그동안 주로 주석적 연구에 몰두해 왔다. 그런데 방언을 신앙적으로 올바로 이해하려면 주석적 연구뿐만 아니라 신학적 분석이 필요하다. 우선, 이에 관한 비전문가인 필자 자신의 연구보다는 이에 관한 전문 신학자들의 연구 결과를 몇 가지 소개하려고 한다.

방언을 신학적으로 분석한 고전적 논문은 마키아(Frank D. Macchia)의 "말할 수 없는 탄식: 방언신학을 위한 일고"다. 이 논문은 본래 오순절 신학 저널(Journal of Pentecostal Theology) 창간호(1992)에 게재되었던 것을 필자와 필자의 제자 황태식이 번역하여 오순절신학논단 5(2007)에 번역 논문으로 게제한 바 있다. 그 내용의 핵심을 요약해서 소개하면 다음과 같다.

말세에 일어난 신 현현

먼저, 방언은 말세에 일어난 하나님의 현현 사건이라는 것이다. 예수 부활 후 최초의 오순절에 일어난 사건에는 불과 바람이 등장하는데

(행 2:1 이하) 이것은 시내산의 신 현현과 유사하다는 것이다. 시내산 사건에서 큰 소리가 중요한데 오순절 사건에는 강한 바람 소리가 있었고 후대에 발전된 전승에 의하면 시내산 신 현현의 소리가 모든 나라의 언어로 들렸다는 것이 있는데, 바로 오순절에 일어난 방언 사건이 현장에 있던 사람들에게 자기 언어로 들렸다는 것도 유사하다는 것이다. 그런데, 베드로는 신 현현의 사건을 말세에 일어날 사건으로 해석한다 (행 2:17-21). 곧 누가는 오순절에 일어난 방언 사건을 말세에 일어난 하나님의 현현 사건으로 규정하고 있는 것이다.

하나님 임재 하에서의 언어 체험

오순절 방언 사건이 하나님의 현현 사건이라면, 이것을 체험한 사람에게 있어서는 하나님의 임재 체험 사건이 된다. 특별히 언어 발설을 통한 하나님 임재 체험이다. 한 신학자는 이것을 '자유를 향한 외침'이라고 했다. 시인이 자신의 마음과 생각을 언어로 표현해야 하지만 언어로 다 표현할 수 없는 것에 당황할 때가 있는 것같이 신자가 하나님께 대한 신앙을 인간의 언어로 다 표현할 수 없는 것에 절망한 상황에서, 방언은 하나님의 임재 하에서 인간 이성의 한계 너머에 있는 언어로 그것을 표현하는 것이라는 것이다.

성도의 거룩한 교제

또 방언은 성만찬에서 체험하는 주님과의 하나 됨, 성도 간의 교제 체험을 하게 한다고 한다. 방언 체험을 통해 신자는 하나님의 임재 가운데 주님과 하나 됨을 체험하게 되고, 이어 공동체 모임 가운데 동시에 함께 방언을 하게 되면서 성도의 코이노니아가 일어난다는 것이다. 이러한 체험은 신자를 인종, 남녀, 노소에 관계없이 그리스도 안에서 하나 되도록 이끈다. 방언 체험을 한 오순절 사건을 해석하면서 누가는 이것은 노소, 주종의 벽을 깨뜨린 체험임을 요엘서를 인용하여 증거한다(행 2:17-18). 또 바울은 방언의 은사가 포함된 성령의 은사를 소개하면서 성령세례는 유대인이나 헬라인이나, 종이나 자유인이나 모두 하나가 되게 했다고 말한다(고전 12:13). 바로 방언 체험은 성도의 거룩한 교제가 이루어지는 체험인 것이다. 그래서 실제로 초대 교회에서 성령 체험을 한 사람들이 쓴 신약 성서는 당시의 어떤 문서와 비교해도 남녀평등, 주종관계, 유대인/헬라인 관계에서 혁명적으로 민주적이고 열려 있는 입장에 서 있었다. 미국에서 일어난 오순절운동도 여성 안수를 가능하게 했고, 인종 간 교제에도 더 열려 있게 했다.

십자가 체험

방언 체험을 대개는 성령 체험으로만 해석하는 경우가 많다. 그런데 마키아는 방언 체험이 십자가 신학과 연결되어 있음을 본다. 그는 사도행전 2장에 나오는 베드로의 설교에서 오순절 체험은 예수의 십자가와 부활에 대한 신앙으로 이어져 있다는 것을 주목한다. 결국 베드로가 주장한 것은 이 방언 체험을 통해 예수님이 십자가를 지고 부활한 것을 깨닫고 믿게 되었다는 것이다. 그래서 이것을 힘써, 곧바로 전하고 있는 것이다.

새 창조

마카아의 말을 그대로 인용하면 다음과 같다. "방언은 다가올 구속과 해방에 대한 갈망일 뿐만 아니라, 그것이 이미 시작되었고 현재 진행 중이라는 '증거'이다. 하나님이 변화시키고 해방시키는 활동을 한다는 이러한 증거는 성서에서 신 현현의 필수적인 요소다. 뎀스터에 의하면, 방언은 예수 그리스도의 복음이 역사를 재창조하는 것이라는 표징으로서, '언어의 재창조'이다. 사도행전에서 방언이 증거되는 곳은 어디서든지, 사회적 관계가 변혁되었다. 신유와 마찬가지로, 오순절주의자들에게 방언은 단지 영혼의 해방뿐 아니라, 인간 존재의 모든 면: 영혼, 마음, 육체, 사회적 관계에서의 해방을 위한 예수 그리스도의 복음의 표징이다."

적용과 실천

마카아의 방언에 대한 신학적 분석은 성경이 말하는 방언에 대해서 그 신학적 의미가 무엇인지를 우리에게 잘 가르쳐 주고 있다. 이러한 분석은 방언을 체험한 사람들에게는 자신이 체험한 방언이 신학적으로 어떤 근거가 있는 것인지를 제공해 줄 것이다. 그런데 우리 교회에서는 방언 체험이 어떤 면으로는 남녀평등, 여성 안수 등을 통하여 성령을 통한 교회와 사회 변혁에 이바지했지만, 다른 측면으로는 유교식 가부장제적 교회 구조를 깨뜨리지는 못했다. 최근 한국교회에서 일어나는 파열음은 이것과 무관하지 않다. 초대 교회의 성령과 방언 체험은 체험자의 마음을 변혁시키고, 이어서 사람을 억압하는 교회와 사회

구조도 깨뜨렸다는 것을 기억했으면 좋겠다. 방언은 죄와 인습을 깨뜨리는 해방 체험인 것이다.

방언과 선교

필자는 지난 2011년 1월 중순에 한 동남아 국가에 다녀왔다. 필자가 부여받은 사명은 현지 한인 선교사들에게 요한복음을 강의하는 것이었다. 4일이라는 제한된 시간 동안에 선교사들로 하여금 요한복음 책 전체를 꿰뚫어보게 하는 것이 구체적인 과제였다. 쉬운 일은 아니었지만 나름대로 최선을 다해 요한복음의 내용과 신학을 설명해 보려고 했다. 결국 소기의 목적을 달성했다고 생각해서 강의를 마쳤을 때 마음이 뿌듯하기도 했다.

그런데 강의를 마치고 선교사들과 대화하면서, 그들에게 직접적으로 피부에 닿는 강의 주제가 따로 있음을 발견했다. 국민의 80%가 문맹자인 국가에서 전도되어 교회에 온 사람들이 말을 잘 알아듣지 못해 말로 설명하는 것 이외의 어떤 것으로 하나님의 존재를 체험하게 하는 것이 필요하다고 선교사들은 깊이 느끼고 있었다. 바로 신유, 방언, 축귀 등의 눈에 보이는 성령의 사역이 필요함을 모두 절실히 느끼고 있다는 것이었다. 그런데 사실 이런 주제는 한국의 신학교에서도 잘 강의되는 주제가 아니다. 이것은 부흥사들이나 이에 관해서 특수한 사명을 받은 사역자들만 행하고 가르치는 주제라고 여겨져 왔던 것이다. 이러한 말을 듣고 필자는 즉석에서 방언 특강을 했다. 거기에 모인 선교사들이 거의 다 방언을 하고 있었지만 그것을 실제로 사역에 연결시키지는 못하고 있었는데 필자의 강의를 통해 이 사역을 감당할 이론과

용기를 동시에 얻게 되었다고 한다.

이 과정에서 필자는 방언이 선교와 어떤 관계가 있는가를 재삼 생각해 보게 되었다. 사도행전에서 방언은 선교의 주요 분기점에서 일어났다는 것을 다시 기억하게 되었다. 먼저, 교회를 탄생하게 한 사건인 오순절 성령 체험 사건에 방언이 중요하게 언급되고 있다(2:1-4). 또 사마리아에 복음이 전파된 사건에서도 가시적 성령 체험이 있었는데 이것을 불신자도 볼 수 있었던 것으로 보아(8:17-18) 여기에도 오순절 사건에서처럼 방언이 포함되어 있을 가능성이 높다. 이어서, 베드로가 이방인들에게 말씀을 전할 때 역시 방언이 말씀을 듣는 자들에게 임했다(10:44-46). 마지막으로, 바울이 유대 지역을 넘어 이방 지역인 에베소에서 말씀을 전할 때 역시 방언이 임했다(19:1-7). 방언은 선교가 이루어지는 중요한 길목마다 새롭게 사람들에게 임했던 것이다.

그렇다면, 우리가 현대의 선교 현장에서도 이러한 역사를 기대해 보아도 좋지 않겠는가. 예수의 복음이 선포되는 곳에 그 복음 선포에 이어 초자연적인 성령의 역사가 일어나면 그것을 통해 사람들이 복음의 능력을 말씀과 함께 몸으로 체험하게 되는 것이다. 이러한 사건이 왜 초대 교회에만 일어나고 지금은 말씀만 필요하다고 하는지 사실 필자는 잘 이해할 수 없다. 사도행전을 기록한 누가는 제3세대 그리스도인으로서(눅 1:1-4), 예수님처럼(복음서), 첫 제자들처럼(사도행전) 그렇게 신앙생활을 할 것을 권면하기 위해서 누가복음과 사도행전을 쓰고 있는 것이다. 사도행전은 초기 기독교의 특수한 역사 기록이기 때문에 이것은 후대에 따라갈 선례나 모범으로 삼을 수 없다는 것은 누가의 저술 의도에서 많이 벗어난 것이다.

국내외를 막론하고 선교 현장에서, 오늘도 말씀에 기록된 초자연적인 역사가 필요한 것이다. 그것은 바로 살아 있는 말씀이요, 말씀의 구현이다. 사도행전 29장이 다시 오늘에 일어나게 하는 것, 그것이 우리 크리스천 사역자들의 목표가 되어야 하지 않겠는가.

방언을 하다 중단한 분들께

최근 필자는 어느 교회 집사님 부부로부터 기쁜 소식을 전하는 이메일을 받았다. 그분들은 오랫동안 방언 체험을 사모해 왔었는데 드디어 지난 1월에 방언을 체험했다는 것이었다. 그 부부는 방언 체험에 너무 기뻐하고 있었고 이 선물을 주심에 하나님께 감사하고 있었다. 사역을 하면서 이와 같이 방언을 처음 체험했을 때의 감사와 감격의 소리를 자주 듣는다. 이 부부 집사님들은 그 감격으로 계속 방언 기도를 할 것이다.

그런데 온라인상에 올라온 방언에 대한 여러 이야기들을 보면 방언을 하다가 그쳤다는 사람들 또한 종종 만나게 된다. 그 내용을 정리해 보면 대략 이런 것들이다. 첫째, 방언 기도를 하면서 그 뜻을 몰라서 방언하는 것이 그냥 주문 외우는 것 같아서 그만두었다는 사람들이 있다. 둘째, 그냥 예전에 하던 대로 우리말로 또박또박 기도하는 것이 자신에게 더 은혜가 되기 때문에 방언 기도를 그쳤다는 사람들도 있다. 셋째, 방언 기도를 시작했지만 여전히 전과 같이 죄를 범하기 때문에 방언 기도의 효험이 그렇게 크지 않다고 느껴서 방언을 그쳤다는 사람들도 있다. 넷째, 방언 기도를 안 해도 여타 영성 프로그램으로도 얼마든지 신앙생활을 잘할 수 있기 때문에 방언을 그쳤다는 분들도 있다.

이런 분들에게 필자가 하고 싶은 말은 이런 것이다. 먼저, 자신의 감정이나 경험을 믿지 말고 방언 기도를 생활화했던 바울의 조언을 들으라는 것이다. "내가 너희 모든 사람보다 방언을 더 말하므로 하나님께 감사하노라."(고전 14:18) 또 바울은 둘 중에 하나를 택하는 것이 아니라 방언과 이성으로 모두 기도할 것이라고 천명하고 있다(고전 14:15). 다음으로, 방언 기도를 오래 지속한 사람들의 증언에 귀 기울일 필요가 있다. 필자도 그렇거니와 방언으로 자주 기도하는 사람들은 공히 방언 기도를 통해 하나님의 뜻을 깨닫게 되고 마음의 평안과 하나님의 사랑을 느끼는 경우가 대부분이다.

또 방언은 그쳤고 현재는 별 필요도 없다는 책을 읽고 거기에 영향을 받아 방언 기도를 그쳤다는 사람들을 만날 수 있었다. 자신보다 더 신학적으로 지식이 많고, 더구나 훌륭한 인격을 가진 사역자들이 그렇게 말하기 때문에 자신의 체험보다 그들을 따라간 경우다. 하지만, 이런 분들께 필자는 이렇게 권하고 싶다. 방언은 지금도 있고 성경이 방언에 대해서 긍정적으로 가르치고 있다는 저술도 얼마든지 있다. 그런 책들을 찾아 방언을 반대하는 책과 비교해서 읽으라는 것이다. 또한 아무리 훌륭한 사역자들일지라도 방언 체험을 하지 않은 사람이 방언에 대해서 가르칠 때는 방언에 대해서 그렇게 긍정적이 되지 않는다는 것도 유념할 필요가 있다. 대개 사람은 자신의 경험과 지식의 한계 내에서 말하게 되어 있다. 다른 것은 다 올바르게 알고 있다고 하더라도 방언 체험을 하지 않게 되면 방언에 대해서 부정적 혹은 소극적으로 말하는 경우가 대부분이다. 성경을 올바로 해석할 수 있는 지성과 그 성경에 있는 것을 체험한 사람들의 말에 더 귀 기울일 필요가 있다. 그럼에도 불구하고 결정하지 못하겠으면, 아무도 믿지 말고 하나님께 진솔하게 기도하면서 방언에 관계된 성경 구절들을 읽으면서 하나님의 뜻을 깨달으면 될 것이다. 성령은 우리를 올바른 성경 해석으로 인도할 것이다. 고린도교회에 일어난 영적 은사에 대한 문제를 논하고 바울이 최종적으로 내린 결론을 보자. "방언 말하기를 금하지 말라."(고전 14:39)

방언의 목적

방언은 어떤 기능을 하는 것인가? 방언이 주어진 목적은 무엇인가? 고린도전서 14장에 나오는 바울의 말을 그대로 듣는다면, 방언의 내용은 기도(14:2)와 찬양과 감사와 축복(14:14-16)이다. 이 모든 것은 신자가 하나님께 개인 신앙을 표출하는 것이고, 그것을 통해 하나님과의 관계가 더 깊어지는 것이다. 그래서 바울은 자신은 그 어떤 사람보다 방언을 많이 하는 것에 자부심을 갖고 있었던 것이다(14:18).

그런데 이러한 방언 이해를 반대하는 사람들이 있다. 막스 터너(Max Turner)는 방언이 개인 신앙 함양을 위한 은사라는 것을 반대하는 에드가(T. R. Edgar)의 견해를 다음과 같이 요약하고 있다.

(1) 이 견해는 방언이 불신앙의 표적이라고 하는 14:22과 모순된다.
(2) 모든 은사는 타자를 위한 것인데, 이 견해의 경우 방언은 개인을 위한 은사가 된다.
(3) 만약 방언이 개인적인 영성의 함양을 위한 것이라면 이 은사는 소수만이 아니라 모든 사람에게 주어졌어야 한다.
(4) 만약 이것이 하나님께 드리는 기도와 찬양이라면 왜 통역될 필요가 있는가?

(5) 바울은 방언을 해도 그 마음(이성)이 열매 맺지 못한다고 했지 않는가?

(6) 만약 방언이 개인의 영성 함양을 위한 은사라면 그러한 은사는 자아 중심적 성격의 것이 된다.

(7) 고린도전서 14:2에 나오는 "하나님께 하나니"라는 말은 허공에 대고 말한다는 뜻이다.

(8) 14:14-16에서 바울은 영으로만 기도하지 말고 이성으로도 기도하라고 한다.

방언이 개인 신앙 함양을 위한 은사가 될 수 없다는 위의 견해 각각에 대해 필자는 다음과 같이 반박할 수 있다.

(1) 고린도전서 14:22은 방언을 반대하는 사람들이 고린도전서 12-14장에서 바울이 방언에 대해서 말하는 핵심 구절로 흔히 주장해 온 것이다. 이들은 이 구절을 바울이 방언을 반대한 구절로 해석하고 나머지 모든 구절은 사실상 폐기해 버린다. 하지만 이것은 바울의 방언관을 완전히 오해한 것이다. 바울은 통역되지 않은 방언이 불신자를 신앙인으로 만드는 그런 기능이 없다는 뜻으로 이 말을 한 것이다. 그러므로 방언이 개인 신앙 함양을 위한 은사라는 것은 방언이 표적이라는 말과 모순되지 않는다. 방언은 표적의 기능도 있고, 기도 · 찬양 · 감사의 개인적 신앙 표출의 기능도 있다.

(2) 바울은 예배 가운데 사용하는 방언과 개인 기도와 영성 생활에 사용하는 방언을 구별하고 있다. 전자에 있어서 방언은 여타 은사와 마찬가지로 통역을 통해 다른 사람의 신앙을 함양시킨다. 반면 개인 기도로서의 방언은 방언하는 사람 자신의 신앙을 함양시킨다고 말한다(14:4).

(3) 그렇다. 그래서 바울은 고린도전서 14:5에서 모든 신자가 방언을 체험할 것을 권고하고 있다.

(4) 자신의 방언을 통역하는 경우, 자신의 기도와 찬양 내용을 알게 됨으로써 자신의 신앙이 함양됨은 물론이다. 다른 사람의 방언을 통역하는 경우, 사람들이 동료 신자의 기도 내용을 들으면서 성령의 인도하시는 기도 내용 가운데 하나님의 신비(14:2)를 깨닫게 되어 역시 신앙이 함양된다.

(5) 마음(이성)에 열매 맺지 못한다는 말을 바울은 부정적으로만 묘사한 것이 아니다. 방언으로 기도할 때 영이 열매를 맺기 때문에 방언은 그것 자체로서 좋은 것이다.

(6) 찬양과 감사로서의 방언은 자아 중심적이 아니라 반대로 하나님 중심적이 된다.

(7) 이 주장은 문법적으로, 문맥적으로, 정황적으로 말이 되지 않는 말이다.

(8) 그렇다. 하지만 바울은 이미 영으로 기도하는 사람들에게 이런 말을 한 것이다. 영으로 기도하는 사람들에게 이성으로도 기도하라고 한 것이다. 여기서 영으로 기도하는 것과 이성으로 기도하는 것은 양자택일의 문제가 아니다. 바울은 영과 이성 모두로 기도하겠다고 말하고 있다.

이상을 통해서 방언이 개인 신앙 함양을 위해서 주어진 은사가 아니라는 주장은 아무런 성서적 근거가 없다는 것을 필자는 논증했다. 방언을 체험한 것이 그 사람의 신앙 성장의 척도는 아닐지라도 방언으로 기도하면 신앙이 성장한다고 말할 수 있는 것이다. 방언은 한 가지지만 여러 가지 기능이 있다. 통역되었을 때는 통역을 듣는 이에게 유익이 되고, 가장 일반적인 기능은 개인이 방언을 할 때 그 방언 자체로- 그 내용이 기도·찬양·감사·축복이기 때문에- 그 사람의 신앙 성장에 유익이 되는 것이다. 단지, 그 내용을 아는 문제와 그 내용을 느끼는 문제는 별도의 문제다. 통역이 없으면 그 내용을 정확히 알 수는 없다. 하지만 성령의 말할 수 없는 탄식(롬 8:26)을 들으면서 우리는 기도·찬양·감사·축복의 감정을 성령과 공유할 수 있게 된다. 그래서 개인 영성을 위해 방언하는 것은 경험해 보지 않은 사람들이 흔히 생각하는 것보다 그렇게 외로운 일이 아니다. 오히려 그 안에 감사, 감격, 찬양, 간구, 사랑이 넘쳐흐른다.

방언은 에큐메니컬 언어다

그동안 필자는 방언에 대해서 기술할 때, 주로 바울이 고린도전서에서 가르치는 방언인 기도·찬양·감사·축복이라는 의미에서 말했다. 이 방언은 신자가 자신의 개인 신앙을 표현하는 것으로서 하나님을 향하여 인간의 이성이 아니라 영으로 하는 것이다.

그렇다면 누가가 기록한 사도행전에서의 방언은 어떤 기능을 하는가? 오순절에 임한 방언은 창세기 11장에 나오는 바벨탑 사건과 연결하여 흔히 이해해 왔다. 전형적인 의견은 바벨탑 사건이 언어의 혼잡을 이룬 사건이라면, 오순절 사건은 그것을 뒤집은 사건이라는 것이다. 하지만, 하나님이 바벨탑에서 사람을 흩으신 일은 반드시 부정적인 의미만 있느냐 하는 의문을 가질 수 있다. 인간이 자신의 욕심으로 탑을 세웠고, 하나님이 심판으로 언어를 혼잡하게 한 것이 사실이지만 하나님이 사람들을 지상으로 흩으신 것에는 긍정적인 요소가 내포되어 있을 수 있는 것이다. 하나님이 사람들을 세상에 흩어져 살게 하신 것은 하나님의 뜻 가운데 있었다고 할 수 있다(창 1:28).

바벨탑 사건은 한편으로는 인간의 어리석은 행동에 대한 하나님의 심판이지만, 다른 한편으로는 이것은 지상에 퍼져 충만하라고 하신

(1:28; 10:18) 하나님의 뜻이 이루어지는 것이기도 하다. 하나님은 그 약속이 이루어지게 하기 위해 사람들을 흩으신 것이다. 사람들이 자기중심적으로 모이는 것을 하나님은 흩으신 것이다. 또 한편으로는, 이렇게 흩어짐은 사람들이 일치된 삶이 없이, 자기 마음대로의 삶 그대로 남게 한다. 여기에 하나님이 원하시는 보다 높은 단계의 일치가 요구되는 것이기도 하다. 그래서 이러한 흩어짐은 바로 사도행전에 나오는 오순절적 일치로 인도하게끔 되어 있다.

그렇다면 누가는 이것을 어떻게 생각하고 있었는가? 누가는 만국 백성들이 세계에 흩어져 있는 문제를 인식하고 있었다. 여기서 백성은 단순히 디아스포라 유대인들만을 포함하는 것이 아니라 바로 바벨탑 사건 때의 만국 백성까지 포괄하는 것이다. 사도행전 17:24-27에서 바울은 "인류의 모든 족속을 한 혈통으로 만드사 온 땅에 살게 하시고"라고 말하여 창세기 11장의 바벨탑에서 하나님이 말씀하신 것이 성취되었다고 본다. 결국 하나님의 섭리 가운데 사람들이 하나님을 더듬어 다시 찾게 하셨다고 한다. 하지만, 사람들은 하나님을 찾지 않았다. 오히려 하나님이 주도권을 쥐시고 하늘에서 불을 내려 오순절에 사람들로 하여금 방언을 하여 하나님의 뜻이 소통되게 하셨다. 그러므로 오순절 사건은 단순히 바벨탑 사건을 뒤집는 것만이 아니라 바벨탑 사건이 성취된 사건이기도 한 것이다.

흥미롭게도 언어를 하나로 만드셔서 그렇게 한 것이 아니라 각자가 자신의 언어를 가지고 자신의 언어로 그 하나님의 뜻을 듣게 하셨다. 자신들의 문화적·언어적 특성은 가지고 있으면서도 서로 방언으로 소통하게 된 것이다. 바벨탑 사건에서 하나님이 파괴하신 것은 억압적이고 획일적인 일치를 이루어 하나님을 대적하신 것에 관한 것이다.

오순절에 임한 방언은 유대인과 이방인, 남녀, 노소, 주종의 관계를 깨뜨리고 하나 되게 한다. 방언은 교회 일치적 언어인 것이다. 방언은 복음을 오직 하나의 문화나 언어로만 표출시키는 것에 저항한다. 방언은 하나님의 능력으로 민족, 성별, 노소 각자의 고유성을 유지하면서도 성령의 능력으로 하나가 되게 하는 것이다.

보이지 않는 고릴라?

사람들에게 검은색 팀과 하얀색 팀이 함께 농구공을 패스하는 게임 동영상을 보여 주면서 하얀색 팀 사람들이 패스하는 숫자를 정확하게 세도록 했다. 그러면서 이들이 패스 게임을 하는 동안 고릴라 복장의 사람이 지나가도록 했다. 그리고 동영상을 다 본 다음, 이 패스 게임에서 고릴라를 보았느냐고 물었을 때, 이 중 절반만이 보았다고 말했다. 나머지 절반은 보지 못했다고 했다. 다시 그 동영상을 보여 주자 보지 못했던 사람들은 자신들의 눈을 믿을 수가 없었다. 거기에는 분명히 고릴라가 있었던 것이다.

무슨 일이 발생한 것일까? 심리학에서 말하는 무주의 맹시(inattentive blindness)가 발생한 것이다. 사람이 어떤 일에 집중하고 있을 때 예상치 못한 일이 일어나면 그것을 보지 못하는 경우가 많다는 것이다. 자동차 운전자들이 도로에서 오토바이를 많이 치는 것은 오토바이는 자동차에 비해 잘 나타나지 않기 때문에, 그것을 예상하고 있지 않게 되어 실제 오토바이가 나타나도 그것을 인지하지 못하는 경우가 많다는 것이다. 거꾸로 오토바이가 많이 다니는 도로에서는 자동차 운전자들이 그것을 예상할 수 있기 때문에 생각보다 사고율이 낮을 수 있다는 것이다.

이상은 『보이지 않는 고릴라』라는 제목으로 두 심리학자가 낸 책 속에 나오는 이야기다. 사람은 주의력에 한계가 있고, 한 가지에 집중하면 다른 일이 일어나는지를 잘 인지하지 못한다는 것이다. 운전하면서 휴대전화 통화를 하면, 음주 운전 때와 비슷하게 사고율이 높다는 것이다.

'보이지 않는 고릴라' (invisible gorilla)와 방언은 무슨 관계가 있을까? 필자는 방언에 대한 연구에 있어서도 보이지 않는 고릴라가 있다고 생각한다. 방언이 계시적 성격의 은사로서 성경이 완성된 다음에는 계시가 더 이상 필요 없기 때문에, 방언은 그쳤다고 생각하는 사람들은 방언의 개인의 영성 함양(고전 14:4, 5)이라는 바울의 말에 전혀 귀를 기울이지 않는다. 이 개념은 계시와 전혀 무관한데도 말이다. 지나가는 고릴라를 전혀 의식하지 못하는 것이다. 또 바울이 방언을 거부하지는 않았지만 마지못해 인정했다고 믿는 사람들도 바울이 말하는 방언의 기도와 찬양과 감사(고전 14:2, 15-17)라는 기본적인 성격을 보지 못한다. 성령의 도움을 받아 기도하고 찬양하고 감사하는 것이 어떻게 방언을 소극적으로 인정하는 것이 되겠는가?

물론, 방언을 하는 사람들이 자신감 착각(illusion of confidence: 자신감 착각이란 사람들은 흔히 자신의 능력보다도 자신의 실력이 더 낫다고 보는 착각을 하는 것을 말한다)으로 방언이 곧 신앙 성장의 척도라고 하는 잘못된 생각을 가질 수 있다. 고린도전서에 있는 방언에 대한 바울의 이해는 단순히 체험한 것만 가지고 그 내용을 한 번에 다 알 수 있는 것이 아니다. 이것을 이해하는 데 있어서 도움을 받을 수 있는 것으로, 체험의 영역이 있는가 하면 지성적 분석의 영역도 있기 때문이다. 대표적인 예로 많은 오순절주의자들은 바울이 방언을 표적이라고 말한 부분(고전 14:20-25)에서 바울이 방언을 긍정적으로 말한 것이라고 주장한다. 방언은 믿지 않는 자들에게 하나님의 살아 계심을 보여 주는 표적이라는 것이다. 하지만, 문맥의 흐름을 보면 여기서 바울은 통역되지 않고 교회 모임에서 사용된 방언의 부정적 효과에 대해서 말하고 있는 것이 분명해 보인다.

우리는 무주의 맹시를 통해서 혹은 자신감 착각에 의해서 성경을 잘못 해석할 수 있다. 요한복음 9장에서 예수님이 바리새인들에게 한 말씀도 바로 그런 것이다. 당시 바리새인들은 자신들이 율법을 잘 지키므로 하나님의 뜻을 잘 알고 본다고 믿었다. 하지만 그들은 자신감 착각에 빠져 예수님 말씀의 본질을 꿰뚫어보지 못했다. 율법에 무지했던 날 때부터 맹인된 사람보다도 율법의 실제를 알지 못했다. 이들을 향해 예수님은 "너희가 본다고 [확신]하니 너희 죄가 그대로 있느니라"(요 9:41)고 말씀하신다. 차라리 자신들에게도 무주의 맹시가 일어날 수 있고, 자신감 착각에 빠질 수 있다고 생각하고 예수님의 표적(맹인을 눈 뜨게 하는 기적)을 보았으면, 그것을 올바로 볼 수 있었을 것이라고 한다.

바로 그것이다. 이 원리는 영적 분야에서만 적용되는 것은 아니다. 우리는 어떤 일에 지나친 확신에 빠져 있을 때 본질을 못 보는 경우가 많다. 독재자가 된다. 자신의 말과 행동에 대해서 절대적 확신을 갖게 된다. 그것이야말로 죄다. 누구든 보아도 보이지 않는 영역이 있고, 들어도 들리지 않는 영역이 있으며, 우리가 확신하는 것만큼 우리는 어떤 일을 잘 알지 못한다. 대개 우리는 자기가 알고 있는 것보다 더 큰 확신을 가지고 살아간다. 그것을 깨닫고 하나님 앞에서 사는 사람이 겸손한 사람일 것이다.

제 8 장

에필로그:
방언 체험, 그 이후

tongue

본서에서 필자는 방언의 유익성과 중요성에 방점을 두어 기술했다. 많은 학자들과 목회자들이 방언을 반대하는 데 따른 반응으로 그렇게 한 것이다. 하지만, 필자는 방언이 영성의 전부라고 생각하지는 않는다. 방언이 성령이 주신 놀라운 은사인 것은 사실이지만, 방언이 무한한 가치가 있는 것은 아니다. 방언은 제한성이 있다. 필자는 질문을 통해서 이에 대해서 설명을 하려고 한다.

방언 체험이 성결한 삶을 보장해 주는가?

우선, 방언을 체험한 신자는 그 방언 체험을 통해 거의 자동적으로 성결한 삶을 살게 되는가 하는 것이다. 이 물음에 대한 바울의 대답은 단순하다. 아니라는 것이다. 바울은 대부분이 방언을 체험한 고린도교회 신자들에게 한편으로 방언의 유익을 말하면서, 동시에 다른 한편으로 방언 체험이 자동적으로 사랑의 충만으로 이어지지 않는다고 말한다. 은사는 분명 성령이 주신 것이지만, 그 은사가 곧 그 사람을 사랑으로 충만하게 만들지는 않는다는 것이다. 그래서 바울은 고린도전서 13:1-3에서 방언, 예언, 믿음의 은사와 구제가 행해져도 그 사람에게 사랑이 없을 수 있다고 말한다. 또 바울은 신령한 것들은 사랑과 별개로 각각 추구되어야 하며(고전 14:1), 은사를 사모하되 그것이 사랑의 길을 따라 나가야 한다고 하여(고전 12:31) 은사와 사랑의 관계가 한 가지를 체험하면 다른 것이 자동으로 따라오는 것이 아님을 역설하고 있다. 사랑은 은사와 별도로, 성령의 열매로 주어지는 것이다.

그래서 우리가 바울의 권면을 따르자면, 은사와 사랑은 각각 추구되어야 하는 것이다. 은사의 수여자도 성령이고(고전 12:11), 사랑의 열매의 수여자도 성령이다(갈 5:22-23). 한 성령이지만, 그 역사는 두 가지라는 것이다. 누가가 "성령으로 충만하다"라는 문구를 사용할 때도 앞 장에서 보았듯이 성령으로 말미암아 은사와 같은 능력이 충만한 것에도 쓰고, 또 사랑과 같이 인격의 열매가 충만한 것에도 쓴다. 그렇다면, 어떤 사람이 방언을 한다고 해서 곧 인격의 열매인 사랑이 충만해지지는 않는 것이라고 할 수 있다. 인격의 열매는 성령의 열매를 맺는 것으로, 이것도 은사와는 별도로 추구되어야 하는 것이다(고전 14:1).

방언 체험이 이성(理性)의 활동을 대신해 줄 수 있는가?

방언은 그 자체가 하나님께 기도, 찬양, 감사하는 것으로 어떤 사람의 영성 활동 중 하나다. 이것을 통해 신자는 하나님과 더 깊은 교제 속으로 들어갈 수 있다. 그런데, 그러한 영성 활동이 이성의 활동을 대체하게 되는가 하는 것이다. 그전에는 이성으로 따져보고 생각해보던 것들이 방언을 체험하고 난 후에는 방언을 하는 그 행위 자체로 하나님의 뜻을 깨닫게 되고 다른 사람들에게 좋은 영향력을 미치게 되는가 하는 것이다.

아마도 고린도교인들 중에는 그렇게 된다고 생각하는 사람들이 있었던 것 같다. 그래서 바울은 여기서 이성을 강조하고 있다. 방언이 성령의 도움을 받아 우리 영으로 하나님께 기도하고 찬양하고 감사하는 것이지만, 바울은 이성으로도 기도하고 찬송하고 감사하리라고 말한다(고전 14:15-17). 왜냐하면, 영의 활동은 그 자체로 다른 사람의 이성에 아무런 설득을 할 수 없기 때문이다. 셀 수 없을 정도로 많은 양의 방언도 깨달은 이성으로 다른 지체에게 말하는 것을 대체할 수 없는 것이다(고전 14:19). 바울은 깨달은 이성으로 성경을 연구하고 설교하고 권면하는 일이 그 자체로 의미가 있고 귀중한 것이라고 말하고 있는 것이다.

은사를 체험한 사람 중에는 은사가 이성적인 활동까지 포함한 크리스천 삶의 모든 것을 대체한다고 생각하는 사람들이 없지 않다. 예컨대, 예언을 통해서 미래의 갈 길을 성령이 알려주시기 때문에, 역사적·문법적·신학적 성경 연구는 바리새인들과 같은 이들이 하는 것이라는 것이다. 하지만, 바울은 성령의 은사를 다 인정하고, 그 자신이 어떤 사람보다도 방언을 더 많이 하고 있지만(고전 14:18), 그럼에도 불구하고 깨달은 이성으로 말하는 것이 공동체의 삶에서는 더 중요하다는 것을 인식했다(고전 14:19).

방언하는 사람이 영적 엘리트 의식에 빠질 위험성은 없는가?

대부분의 신약 성서 학자들은 고린도교인들이 방언을 함으로 영적 엘리트 의식에 빠졌었다고 말한다. 그래서 바울은 그것을 교정하기 위해 고린도전서 12:12-26에서 몸 비유를 사용했다고 말한다. 여기서 우월의식에서 "눈이 손더러 내가 너를 쓸 데가 없다 하거나 또한 머리가 발더러 내가 너를 쓸 데가 없다 하지 못하리라."(21절)라는 말이 나왔다고 한다. 즉, 여기서 눈과 머리는 영적 우월의식에 빠진 자들로서 문맥에서 보면 방언하는 자들이었다는 것이다.

필자도 위와 같이 볼 수 있다고 생각한다. 정황과 문맥으로 볼 때 그럴 개연성이 충분히 있다. 하지만, 몸 비유는 바울이 로마서 12:3-8과 에베소서 4:11-12 등에서 교회와 연관하여 자주 사용한 것으로 바울은 여기서 고린도교회만을 염두에 두고 이 비유를 사용한 것 같지는 않다. 일반적인 교회의 모습을 여기서 말하고 있는 것이다. 또 여기에 제시된 손이나 머리는 영적인 위치일 수도 있지만, 사회적인 위치일 가능성이 더 높다. 은사를 체험한 자라 할지라도 그렇지 않은 이들을 "내가 너를 쓸 데가 없다"라고 말하기는 쉽지 않았을 것이다. 다만, 당시의 가부장제적 상황에서 사회적으로 높은 위치에 있던 사람들은 그렇지 않은 사람들에게 얼마든지 그렇게 할 수 있었고, 사실상 그렇게 했다. 한마디로, 필자는 이 몸 비유를 영적인 엘리트 의식에 대해서 말한 것일 수도 있다고 보면서도, 이것은 교회 일원이 된 사람들이 사회적 엘리트 의식을 가지고 있는 것에 대해서 말한다고 본다.

그렇다면, 지금은 어떠한가? 지금도 교회 안에는 사회적인 엘리트 의식을 가진 사람들이 있고, 영적인 우월의식을 가진 사람들도 있다. 특히 사회에서 열등하다고 느끼는 사람들 중에 영적인 체험을 한 경우, 영적 엘리트 의식에 빠지기 더 쉽다. 자신이 체험한 영적인 체험으로 이성적인 것과 상식적인 것을 무시하고, 자신의 영성으로 모든 것을 통합할 수 있다고 생각하는 사람들이 주위에 많이 있다. 이렇게 방언 체험이 이성을 무시하는 방향으로 나간다면 그것은 영적 엘리트 의식에 빠진 것이다.

방언 체험, 그 이후의 삶

방언 체험이 분명히 그 유용성에서 제한성이 있지만, 여전히 필자는 방언 체험의 유익성이 많다고 생각한다. 바울도 방언이 개인 영성 생활에 유용하기에 그 어떤 사람보다도 방언으로 더 많이 기도한다고 고백한다(고전 14:18). 이것은 방언을 체험한 후 오랫동안 방언으로 기도해 왔던 바울의 체험적 진술이다. 이것보다 더 방언 기도의 유익성에 대해서 반증해 주는 구절이 어디 있겠는가!

그래서 우리는 방언을 체험한 이후에 가장 중요한 권면 중의 하나는 바울처럼 계속해서 방언으로 기도하는 것이라고 말해야 할 것이다. 실제로 방언을 체험했지만 중간에 방언 기도를 그친 이도 있다. 하지만, 바울의 권면에 따라 우리는 계속해서 방언으로 기도할 것을 조언한다. 어떤 이는 방언할 때 아무런 느낌이 없기 때문에 차라리 이성으로 열매를 맺는 우리 말 기도를 하겠다고 한다. 하지만 바울은 둘 다 하라고 말한다(고전 14:15-17). 방언의 뜻은 기본적으로 알 수 없는 것이지만, 방언을 하다 보면 성령의 탄식을 우리의 마음으로 느낄 수 있다. 성령이 말할 수 없는 탄식으로 우리의 탄식에 공감하는 것을(롬 8:26) 방언으로 기도하면서 느낄 수 있는 것이다. 이렇게 될 때 우리 마음의 상처도 치유되고, 하나님께 대한 신뢰가 더 강화될 수 있다.

또 방언으로 기도하면 대개 다른 은사에 대한 마음의 문이 더 쉽게 열려 다른 은사를 체험하는 경우가 많다. 바울도 방언을 체험한 사람은 통역의 은사를 구하라고 권면하고 있다(고전 14:13). 또 대다수가 방언을 체험한 고린도교인들에게 바울은 예언의 은사를 사모하라고 말하고 있다(고전 14:1). 그래서 방언은 다른 은사를 체험하는 일종의 관문과 같은 것이라고 할 수 있다. 물론, 다른 은사를 체험하기 위해 방언을 반드시 먼저 체험해야 하는 것은 아니다. 사실, 예언과 방언 통역, 지식의 말씀, 지혜의 말씀 등이 임했을 때, 그 사람들은 두려움으로 인해 선뜻 받아들이기 어려울 수 있다. 하지만 방언의 은사를 먼저 체험하면 성령의 역사에 대해서 마음이 더 열려 그러한 은사들이 마음에 임했을 때 보다 쉽게 자신을 하나님께 내어드릴 수 있는 것이다.

또 한 가지 간과하지 말아야 할 것은 방언을 체험했다고 해서 방언기도만으로 영성을 유지하려고 하는 것은 금물이라는 것이다. 신자가 영성을 함양하는 데는 순간적인 체험(crisis experience)과 함께 점진적인 성장을 위한 여러 가지 프로그램이 같이 있어야 한다. 예컨대, 성경 공부와 공동체 훈련과 성도 간의 교제 등이다. 사람이 클 때도 이 두 가지 원리가 같이 작동한다. 예컨대, 아이들은 태어나서부터 청소년기에 이르는 동안 특정 기간에 크게 자란다. 그러나 나머지 시간 동안에도 육체적으로 점진적으로 자라고 정신적으로도 계속 자란다. 이 원리를 알지 못하면 방언으로 모든 영성의 문제를 해결하려는 우를 범할 수 있다.

방언 사역, 어떻게 볼 것인가?

마지막으로, 필자는 방언 사역을 어떻게 볼 것인가 하는 것을 말하고자 한다. 여기서 방언 사역이라 함은 방언에 대해서 성경 말씀을 가르치고, 신자들이 방언 체험을 할 수 있도록 격려하며, 계속해서 방언 기도를 통해서 영성 생활을 할 수 있도록 돕는 것을 말한다.

우선, 필자는 독자들께 이런 질문을 드린다. "주위에서 어떤 사람이 주로 보이는가? 방언을 체험했지만 크리스천 인격이 별로인 사람? 아니면 방언을 체험하고 신앙인의 삶답게 변한 사람?" 이 두 가지는 다 있을 것이다. 필자도 둘 다를 본다. 그런데 후자를 훨씬 더 많이 본다. 필자가 최근에 체험한 사건만 몇 건 열거해 보겠다. 우리 대학 신대원 학생인 박 전도사는 모태 신앙인이었지만 방언에 대해서 무관심하다가, 필자의 강의를 들은 후 영성수련회에 참석하여 방언을 체험했는데, 그 이전에는 몰랐던 놀라운 영의 세계를 경험하고 있다. 필자와 오랫동안 한국기독실업인회에서 교류했던 50대 집사님은 크리스천의 인격을 가진 모태 신앙인이었지만, 기도를 깊이 하지 못하다가 한 달 전쯤 방언에 대한 강의를 듣고 기도회에서 방언을 체험한 후 이전보다 더 많은 시간을 기도하고 있다. 필자가 지난 2011년 1월에 캄보디아 선교지에 가서 만났던 모 선교사는 사회주의 사상과 음주에 빠져 있다가, 방언을 체험한 후 그것에서 모두 벗어나 의료 선교사로 일하고 있다. 지난달에 광주 한빛교회에서 집회할 때, 원로장로님 중 한 분이 방언을 열렬히 사모하는 마음을 가지고 주일 오후 예배에 참석했다가 방언을 체험하고 너무 좋아하셨다. 사모님인 권사님과 매일 교회에서 한 시간씩 기도를 하는데, 사실 30분 이상 기도하기가 참 어려웠다고 한다. 그런데 방언을 하면서 그것을 극복할 수 있을 것 같아서 너무 기쁘다고 하였다.

  방언 사역을 하는 김우현 형제도 필자와 비슷한 느낌을 갖고 있다. 그는 『영으로 비밀을 말함』이라는 책에서 이렇게 말하고 있다. "요즘 뒤늦게 성령님을 만나고…누구보다 성령님께 민감하고 깊은 은사를 누리면서도 너무나 아름다운 영혼들이 많다는 것을 알게 되었다." (119) 성령의 은사를 체험하기 전에는 주위에 그런 사람이 잘 보이지 않는다. 하지만, 성령의 은사를 체험하고 나면 주위에 성령의 은사를 통해서 놀랍게 변화된 사람, 또 이 은사 사역을 통해서 하나님 나라를 위해 올바로 헌신하는 사람들이 보인다. 아마도 당신이 그러한 것을 못 보는 것은 성령의 은사를 체험하지 못했던지, 아니면 지금 이 사역을 하고 있지 않기 때문일 것이다.

  필자는 본서를 쓴 이후로 여러 교회에서 이른바 방언 사역을 하고 있다. 또 그것에 큰 보람을 느낀다. 이전에 방언에 대한 성경이 가르치는 진리를 깨닫지 못했던 사람들이 그것을 깨닫고, 방언을 체험하고 이전에 알지 못했던 신앙 영역으로 인도되는 것을 보면서 큰 기쁨을 누리고 있다. 비록, 은사 사역에 부작용이 전혀 없는 것은 아니지만 필자는 두려워하지 않는다. 하나님의 말씀대로, 순수한 마음으로, 성령의 인도함 가운데 이 사역을 감당한다면 사탄과 마귀의 방해는 얼마든지 이길 수 있다고 믿기 때문이다.

참고 문헌

tongue

김동수. "바울의 방언론." 『신약논단』 13(2006) 169-193.
_____. "누가의 방언론." 『신약논단』 14(2007) 563-596.
_____. 『성령 운동의 제3물결』 서울: 예찬사, 1991.
김지철. "성령의 은사와 교회의 덕: 고린도전서 12-14장을 중심으로." 김지철(편)
  『성령과 교회』 서울: 장로회신학대학교출판부, 1998, 67-97.
김우현. 『하늘의 언어』 서울: 규장, 2007.
문상희. "신약 성경의 방언 현상." 『신학논단』 9/10(1968) 79-97.
서광선. 『한국교회 성령 운동의 현상과 구조』 서울: 대화출판사, 1987.
손기철. 『고맙습니다 성령님』 서울: 규장, 2007.
오성춘. 『성령과 목회』 서울: 대한예수교장로회총회출판국, 1989.
옥성호. 『방언, 정말 하늘의 언어인가?』 서울: 부흥과 개혁사, 2008.
이상훈. "신약에서 본 방언." 『기독교사상』 13/6(1969/6) 71-77.
조용기. 『성령』 서울: 서울서적, 1988.

Benett, Dennis J. 『성령 세례와 방언』 서울: 보이스사, 1977.
Chavda, Mahesh. 『방언 체험』 서울: 규장, 2004.
Gaffin Jr., Richard B. 『성령 은사론』 서울: 기독교문서선교회, 1983.
Gromacki, Robert G. 『현대 방언 운동 연구』 서울: 기독교문서선교회, 1983.
Hays, B. Richard. 『고린도전서』 서울: 한국장로교출판사, 2006.
Hoekema, Anthony A. 『방언 연구』 서울: 신망애출판사, 1972.
Packer, J. I. 『성령을 아는 지식』 서울: 새순출판사, 1986.
Sherrill, John L. 『방언을 말하는 사람들』 서울: 보이스사, 1992.
Warfield, Benjamin B. 『기독교 기적론』 서울: 나침반, 1993.
Woolvoord, John F. 『성령』 서울: 생명의 말씀사, 1986.

Beare, F. W. "Speaking with Tongues: A Critical Survey of the New Testament Evidence." *JBL* 83(1964) 229-246.
Behm, J. "ἀποφέγγεμαὶ" *TDNT* vol. 1, 447.
Bock, Darrell L. *Proclamation from Prophecy and Pattern: Lucan Old*

Testament Christology. JSNTSup, 12; Sheffield: JSOT, 1987.

Cartledge, Mark J.(ed.), *Speaking in Tongues: Muti-Disciplinary Perspectives*. Milton Keynes: Paternoster, 2006.

Charette, Blaine. " 'Tongues as of Fire' : Judgment as a Function of Glossolalia in Luke's Thought." *JPT* 13(2005) 173-186.

Cutten, George B. *Speaking with Tongues: Historically and Psychologically Considered*. New Haven: Yale University Press.

Davies, J. G. "Pentecost and Glossolalia." *JTS* 3(1952) 228-231.

Dunn, James D. G. *Jesus and the Spirit: A Study of the Religious and Charismatic Experience of Jesus and the First Christians as Reflected in the New Testament*. London: SCM, 1975.

_____. *Baptism in the Holy Spirit*. Philadelphia: Westminster, 1970.

_____. "Spirit-Baptism and Pentecostalism." *SJT* 23(1970) 397-407.

_____. "Baptism in the Spirit: A Response to Pentecostal Scholarship on Luke-Acts." *JPT* 3(1993) 3-27.

Green, Michael. *Thirty Years That Changed the World: The Book of Acts for Today*. Leicester: IVP, 2002.

Gundry, Robert. " 'Ecstatic Utterance' (N. E. B.)?." *JTS* 17(1966) 299-307.

Everts, Jenny. "Tongues or Languages?: Contextual Consistency in the Transformation of Acts 2." *JPT* 4(1994) 71-80.

Fee, Gordon D. *The First Epistle to the Corinthians*. Grand Rapids, MI: Eerdmans, 1987.

_____. *Listening to the Spirit in the Text*. Grand Rapids, MI: Eerdmans, 2000.

_____. "Toward a Theology of Glossolalia." Wonsuk Ma and Robert P. Menzies(ed.) *Pentecostalism in Context: Essays in Honor of William W. Menzies*. Sheffield: Sheffield Academic Press, 1997, 177-194.

Hays, Richard B. *First Corinthians*. Louisville, KY: John Knox Press, 1977.

Hovenden, G. *Speaking in Tongues: The New Testament Evidence in Context*. Sheffield: Sheffield Academic Press, 2002.

Hurd, Jr., John Coolidge. *The Origins of 1 Corinthians*. Macon, MA: Mercer

University Press, 1983.

Hurtado, L. W. "Normal, but Not a Norm: Initial Evidence and the New Testament." in Gary B. McGee (ed.). *Initial Evidence: Historical and Biblical Perspectives on the Pentecostal Doctrine of Spirit Baptism*. Peabody, MA: Hendrickson, 1991, 189-201.

Johnson, Luke Timothy. *Religious Experience in Earliest Christianity*. Minneapolis: Fortress, 1998.

Keener, Craig S. "Why does Luke Use Tongues as a Sign of the Spirit's Empowerment." *JPT* 15(2007) 177-184.

Lincoln, A. T. "Theology and History in the Interpretation of Luke's Pentecost." *ExpT* 96(1984-85) 204-209.

Marshall, Howard I. *The Acts of the Apostles*. Leicester: IVP, 1980.

_____. "The Significance of Pentecost." *SJT* 30(1977) 347-369.

Menzies, Robert P. "Evidential Tongues: An Essay on Theological Method." *AJPS* 1(1988) 111-123.

_____. *Empowered for Witness: The Spirit in Luke-Acts*. JPTSup 6; Sheffield: Sheffield Academic Press, 1994.

Mills, W. E. *A Theological/Exegetical Approach to Glossolalia*. London: University Press of America, 1985.

Powers, Janet Evert. "Missionary Tongues?." *JPT* 17(2000) 39-55.

Richardson, William. "Liturgical Order and Glossolalia in 1 Corinthians 14.26c-33a." *NTS* 32(1986) 144-153.

Ruthven, Jon. *On the Cessation of the Charismata: The Protestant Polemic on Postbiblical Miracles*. Sheffield: Sheffield Academic Press, 1993.

Smith, D. Moody. "Glossolalia and Other Spiritual Gifts in a New Testament Perspective." *Int* 28(1974) 307-320.

Sweet, J. P. M. "A Sign for Unbelievers: Paul's Attitude to Glossolalia." *NTS* 13(1966-67) 240-257.

Thieselton, A. C. "The 'Interpretation' of Tongues: A New Suggestion of the Light of Greek Usage in Philo and Jesephus." *JTS* 30(1979) 15-36.

Theissen, G. *Psychological Aspects of Pauline Theology*. Philadelphia:

Fortress, 1987.

Turner, Max. *The Holy Spirit and Spiritual Gifts*: Then and Now. Carlisle: Paternoster, 1996.

_____. *Power from on High: The Spirit in Israel's Restoration and Witness in Luke-Acts*. JPTSup 9; Sheffield: Sheffield Academic Press, 1996.

_____. "Early Christian Experience and Theology of 'Tongues' : A New Testament Perspective." Mark J. Cartledge(ed.), *Speaking in Tongues: Muti-Disciplinary Perspectives*. Milton Keynes: Paternoster, 2006, 1-33.

Unger, Merrill F. *The Baptism and Gifts of the Holy Spirit*. Chicago: Moody Press, 1974.

van Unnik, Willem C. "The Meaning of 1 Corinthians 12:31." *NovT* 35(1993) 142-159.

Warfield, Benjamin B. *Miracles Yesterday and Today Real and Counterfeit*. Grand Rapids, MI: Eerdmans, 1965. org. 1918.

Williams, Cyril G. *Tongues of the Spirit: A Study of Pentecostal Glossolalia and Related Phenomenon*. Cardiff: University of Wales Press, 1981.